Mickaël Godde

Un tsunami dans ma tête

J'ai rêvé d'avoir un cervelet tout neuf

EDILIVRE

Ce livre-témoignage a été écrit avec le concours de Christophe Tézier, biographe familial. Tél : 06 17 77 02 66. Site : www.vieenlivre.fr. Mail : ctezier@orange.fr.

Préface

Je rencontre Mickaël Godde pour la première fois fin 2011. Âgé de trente-sept ans, il se présente dans le service de neurologie avec des troubles de l'équilibre qui s'aggravent de jour en jour. S'il n'a pas d'antécédent médical particulier, il nous informe qu'il est suivi dans le service de pneumologie pour une sarcoïdose qui reste asymptomatique et latente sur le plan pulmonaire depuis quelques temps.

La sarcoïdose fait partie de la catégorie des maladies inflammatoires que l'on qualifie de "multisystémiques" par le fait qu'elle peut atteindre de nombreux tissus et organes du corps. Elle peut donc se présenter par de nombreux symptômes, tous aspécifiques. Ce qui rend son diagnostic parfois difficile à poser. La prévalence de la maladie – de l'ordre de vingt pour cent mille habitants – en fait une maladie rare. Le pic d'incidence de l'âge se situe habituellement entre vingt et quarante ans.

Cette maladie est caractérisée à l'histologie par des granulomes non caséeux dont l'étiologie demeure encore inconnue. Il s'agit d'agrégats en forme de grains constitués de cellules inflammatoires, principalement des macrophages. La mise en évidence de ces granulomes, à la suite de la biopsie d'un tissu ou d'un organe, permet de poser avec certitude le diagnostic de sarcoïdose et d'exclure des diagnostics différentiels. Le diagnostic posé, un traitement par une corticothérapie par voie générale reste le traitement de référence. Il existe cependant des formes résistantes aux corticoïdes. Elles nécessitent le recours à des traitements immunosuppresseurs visant à inhiber le système immunitaire, mais avec un risque d'effets toxiques propres à chaque médicament plus important en cas d'utilisation prolongée.

Les manifestations cliniques de la sarcoïdose sont multiples. Elle est asymptomatique dans au moins 30 % des cas, comme celui de Mickaël Godde. Cette maladie est souvent découverte fortuitement lors d'une radiographie de thorax. L'atteinte pulmonaire est la plus fréquente avec des symptômes respiratoires tels qu'un essoufflement, une toux sèche ou une douleur thoracique qui peuvent être parfois révélateurs de la maladie.

Les autres manifestations les plus communes sont les atteintes dermatologiques, ophtalmologiques et neurologiques. L'atteinte du système nerveux central est plus rare et beaucoup plus grave que l'atteinte périphérique. Elle peut siéger au niveau du cerveau, de la moelle épinière et du cervelet.

Mickaël Godde présentait donc des troubles de l'équilibre. Sur le plan clinique, ils étaient très évocateurs d'une atteinte de son cervelet. Cette symptomatologie était apparue quelques jours auparavant. Rapidement, l'IRM (Imagerie par résonance magnétique) cérébrale réalisée, nous a orientés vers une lésion inflammatoire cérébelleuse.

Le cervelet, ou “petit cerveau” est situé sous le cerveau, à l'arrière du crâne, dans la région occipitale. Le cervelet est le centre de l'équilibre et de la coordination des mouvements. Il joue un rôle important dans l'adaptation des postures et dans l'exécution des mouvements volontaires. Son rôle principal est d'informer le cerveau des adaptations nécessaires à effectuer lors d'un mouvement. Sans cervelet, il serait impossible de marcher droit, ni même de se tenir debout sans être déséquilibré. Il deviendrait impossible de faire des gestes qui demandent un certain degré de précision.

Les personnes ayant une atteinte du cervelet souffrent donc de troubles de l'équilibre avec une démarche titubante, de troubles de la coordination des mouvements qui deviennent maladroits et de problèmes d'élocution. Le "syndrome cérébelleux" est l'expression employée pour désigner les manifestations d'une atteinte au cervelet, quelle qu'en soit la cause.

En cas de syndrome cérébelleux, toutes les activités simples de la vie quotidienne (marcher, réaliser un mouvement pour écrire, s'alimenter, parler), tous ces gestes effectués habituellement de façon quasiment automatique et échappant largement à la conscience deviennent alors difficiles à accomplir. Ils doivent être systématiquement réfléchis. À chaque étape, ils doivent être continuellement adaptés. Ce qui nécessite un important effort de concentration, entraînant inéluctablement une grande fatigabilité physique et psychologique.

Notre démarche diagnostique, basée sur le principe d'un raisonnement uniciste, rendait donc le diagnostic d'une localisation cérébelleuse de sa sarcoïdose comme le plus probable pour expliquer la présentation clinique et les données de l'imagerie, dans le contexte médical particulier de Mickaël Godde. Nous avons donc débuté une corticothérapie à fortes doses. Mais son état s'est rapidement détérioré avec une nette aggravation de son équilibre, l'apparition de troubles de l'élocution et d'une incoordination des mouvements.

Il a donc fallu s'assurer de l'absence de diagnostic différentiel avant d'envisager la mise en place d'un traitement immunosuppresseur de seconde intention. À la manière d'un enquêteur, le médecin doit en effet assembler un à un les indices. Ils lui permettent d'étayer son diagnostic en évitant, autant que faire se peut les examens les plus invasifs – parfois pourtant indispensables à l'établissement du diagnostic final – avant la mise en place d'un traitement qui ne sera pas toujours dénué d'une certaine toxicité. Cela prend nécessairement un certain temps ; un temps toujours trop long et interminable pour le patient qui voit son état clinique s'aggraver de jours en jours.

Les investigations ont donc été poursuivies jusqu'à la réalisation d'une biopsie de la lésion cérébelleuse. Le temps nécessaire à la réalisation de ces investigations lui a été très éprouvant. Il voyait rapidement sa vie basculer, se déséquilibrer ; les symptômes s'aggravant progressivement, alors que dans le même temps sa conjointe nous apprenait qu'elle attendait un heureux événement. Cette période lui a été très difficile à supporter. Mickaël Godde n'a pas pu s'investir avec bonheur dans la perspective de devenir père pour la première fois.

Une fois le diagnostic confirmé, le traitement mis en place a permis une amélioration progressive mais partielle de la symptomatologie. Il était effectivement impossible qu'il ne garde pas de symptômes en raison de la localisation de la lésion séquellaire. L'utilisation d'une béquille pour se déplacer a dû être acceptée. Les céphalées postérieures qui persistent – et qu'il décrit comme une pesanteur continuelle – reflètent encore aujourd'hui tout le poids de cette maladie.

Dans son livre, Mickaël Godde retrace sept années d'épreuves. Il nous éclaire sur son vécu émotionnel de la maladie. Il la qualifie lui-même de "tsunami" tant la sévérité des symptômes et la brutalité de leur apparition ont été si inattendues dans une vie qui se voulait être des plus normales, à l'âge des projets et des espoirs. Il s'agit là d'un défi personnel : l'auteur est parvenu à mettre des mots sur les maux physiques et psychologiques qui ont bouleversé son équilibre de vie et continuent encore à rythmer son quotidien.

La lecture de ce livre servira, j'en suis persuadé, aux patients ayant vécu les différentes étapes de ce douloureux parcours : d'une phase diagnostique, nécessitant parfois le recours à des examens invasifs, aux séquelles irréversibles d'une maladie dont jamais on ne guérit complètement.

Par ce livre, Mickaël Godde délivre un message d'espoir. Pour garder une part de bonheur et de joie de vivre malgré la maladie. Pour arriver à surmonter cette épreuve sans la voir comme un fardeau. Pour mettre en lumière ce rôle si nécessaire de l'entourage aidant et soutenant ; cette béquille indispensable au maintien d'un équilibre de vie familiale et sociale, malgré les séquelles indélébiles de la maladie.

Julien Cassereau, neurologue au CHU d'Angers

À Audrey, ma femme,
à Tristan, notre fils,
à ma famille,
à ma belle-famille,
à Michel parti trop tôt.

Avant-propos

Jules Renard dramaturge mayennais, né en 1864, écrivait : « La vie est comme un arc en ciel : il faut de la pluie et du soleil pour en voir les couleurs. » *Pour certains, il faut qu'il tombe beaucoup de pluie pour entrevoir un soupçon d'arc en ciel.*

Un matin, il se met à pleuvoir. Comme à chaque fois, vous savez qu'elle s'arrêtera. Mais pour une raison qui vous dépasse, la météo réserve un autre scénario : les précipitations n'en finissent pas. Les gouttes sont même de plus en plus fortes, le temps n'est plus que bourrasques. Un tsunami se forme.

Bientôt, vous pensez la fin du monde proche. Prisonnier d'un tourbillon de plus en plus violent, vous essayez de vous raccrocher. Mais à quoi ? Un cyclone n'a pas de parois. Vous faisant tourner à grande vitesse, il vous projette tel un pantin désarticulé vers le néant.

Sans doute n'est-ce qu'un cauchemar. Non ! La réalité est là : vous sombrez sans pouvoir réagir. Dans ces conditions extrêmes comment s'accrocher coûte que coûte au fil de la vie ? En prenant conscience à quel point l'existence sur terre était magnifique, avant que ce tsunami ne s'abatte sur votre tête. Ne vous submerge.

Alors, vous luttez fermement avec l'infime espoir qu'une baguette magique ne vous délivre de cette tempête infernale. Et, à force de courage, de persévérance et de je ne sais quelle chance, les vents se calment. Ils soufflent toujours mais leur intensité a diminué. La pluie se fait moins violente.

Cependant, vous êtes contraint de vivre au quotidien avec ce vent et ces gouttes incessantes. Parfois, lorsque les éléments se déchaînent à nouveau, la hantise d'un nouveau tsunami vous angoisse.

Mais vous avez appris à relativiser. Lorsque la pluie ralentit, qu'Éole s'accorde un répit avant de frapper encore, vous n'avez qu'un besoin, qu'un souhait : profiter pleinement de ce court instant.

Se satisfaire d'une pluie qui tombe un peu moins fort plutôt que d'espérer que le soleil brille de mille feux : une philosophie à faire sienne quand un tsunami inexplicable et désespérant s'invite dans votre tête, dans votre vie… Dans Ma tête, dans Ma vie.

1.
L'inconcevable

Notre existence peut prendre un chemin incohérent et totalement imprévu. Personne n'a le privilège de savoir ce qui se passera demain. Encore moins pour lui-même. Tous, nous formulons des projets afin que notre vie soit la meilleure possible. Sans songer un instant que celle-ci peut soudainement basculer dans l'inimaginable.

Car tout le monde raisonne ainsi : l'inconcevable n'arrive jamais. Et si certains y sont confrontés, ce n'est surtout pas nous. Nous croyons à tort que le malheur ne nous frappera jamais. Et lorsque cet "inconcevable" s'invite dans votre quotidien, vous n'avez pas le temps de réagir. Cet univers démentiel dans lequel vous sombrez immédiatement, personne d'autre que vous ne peut le comprendre.

À trente-sept ans, en quelques jours, ma vie a basculé dans cet inconcevable insensé. M'ayant pris par surprise et avec une violence inouïe, la maladie a fait amorcer à mon existence un tournant imprévu. Celui auquel on n'a jamais songé.

Je me suis beaucoup interrogé pendant cette période douloureuse. Notamment que savais-je de la vie ? Beaucoup ne s'étalent guère sur le sujet. J'en étais jusqu'alors. La faute à une société qui laisse peu de temps à la réflexion. Sans doute aussi parce que l'on pense que se “triturer” l'esprit quand tout va bien est inutile.

N'était-il pas d'ailleurs trop tard quand je me suis ainsi questionné ? Je crois que oui. Avant d'être frappé par la maladie et que je m'aperçoive que plus rien n'avait de sens autour de moi, j'aurais dû comprendre le vrai sens de ma vie, prendre la mesure de l'essentiel.

Mais décidément il était trop tard, une souffrance infinie avait toqué à ma porte. Pour corser le tout, elle m'avait plongé dans l'incompréhension la plus totale, puisque mettre enfin un nom, poser enfin un diagnostic sur ce qui désormais m'empoisonnait jour après jour s'est au final avéré très long. Inconcevablement trop long ! Comment composer avec le handicap sans connaître son origine ? J'ai pourtant dû m'y résoudre.

Pourquoi la vie m'a infligé un tel supplice ? Pourquoi mon existence s'est-elle un matin de novembre 2011, totalement effondrée ? Pourquoi tout simplement, ai-je été atteint d'une maladie rare ? Pourquoi ai-je dû me poser ces questions ? Pourquoi tout simplement ?

Les pages qui suivent racontent l'histoire d'un homme blessé et marqué à jamais par cette incompréhension. C'est Mon histoire. Elles retracent mon ressenti, mes doutes, mon mal être, mes maux, mes souffrances, mes relations avec les médecins, les services hospitaliers…

Dénoncer quoi ou qui que ce soit n'est pas le propos. J'ai simplement voulu coucher les sentiments éprouvés dès que cet interminable calvaire s'est déclaré, détruisant soudainement un quotidien sans nuage.

Les mots ont été parfois difficiles à trouver, tellement

mes maux étaient incompréhensibles. Mon cervelet ayant été atteint, les séquelles qui sont apparues lors de cette descente aux enfers sont à jamais très handicapantes et difficiles à expliquer.

Le cervelet, ce “petit cerveau” dont je connaissais à peine l’utilité, est pourtant essentiel à la vie. Je l’ai appris à mes dépens. Dès la naissance, la marche, la parole, la vue... sont coordonnées par le cervelet. Grâce à lui, “faire fonctionner” les trois en même temps est possible. Le cervelet attaqué, mes gestes sont dès lors devenus séquentiels.

Avant de poser un nom sur ma maladie, on m’a diagnostiqué un syndrome cérébelleux alors qu’aucune explication sur l’origine de son apparition n’était avérée. Au-delà de la douleur incommensurable, le malade doit fournir en permanence des efforts même pour exécuter les gestes les plus simples. Son attention s’étiole.

Épuisant, ce quotidien de souffrance m’a pourri la vie. En moins de deux semaines, je me suis retrouvé prisonnier de mon corps et de mon esprit. Inconcevable. Forcément inconcevable.

Et pourtant...

2.
Les incohérences de la maladie

CHU d'Angers, 15 novembre 2011. Quatre jours auparavant, j'ai fêté mes trente-sept ans. Avec les miens comme depuis toujours. Trente-sept ans : l'âge où rien ne doit m'arriver.

Depuis déjà plusieurs années, ma vie professionnelle, sociale et familiale est sur de bonnes rails. Un job, une femme, des copains, une région que j'apprécie… Une existence simple et heureuse. Tout roule. Ou plutôt tout devrait rouler.

Il est 9 heures et je m'apprête à rentrer à l'hôpital. Ma conjointe m'accompagne et m'épaule. Audrey est comme moi inquiète des symptômes qui, chaque jour, me font davantage souffrir. Deux semaines auparavant, ressentant depuis quelque temps des lourdeurs anormales derrière la tête, j'ai passé une IRM (Imagerie par Résonnance Magnétique).

Ces signes anormaux s'aggravant, j'ai fini par appeler le CHU la veille au soir. Le spécialiste qui m'a prescrit l'IRM demande à me rencontrer très rapidement. Je dois être ausculté si possible le soir-même. Difficile : il est déjà 19 heures 30. Angers est à une heure de Senonnes, ce village de trois cent cinquante habitants du sud de la Mayenne où nous demeurons. Être sur place avant 22 heures tient du pari. D'autant qu'il me faut auparavant l'annoncer à Audrey avec sang-froid et en maîtrisant du mieux possible une inquiétude grandissante.

Il est préférable de reporter mon départ pour le CHU au lendemain matin. Le spécialiste n'y est pas favorable mais il comprend. Son insistance au téléphone m'alerte. Comme moi, il ne prend pas à la légère les symptômes que je lui ai décrits.

Dès notre enregistrement au CHU, sans même patienter dans la salle d'attente, il nous reçoit. Après m'avoir posé quelques questions, il me fait passer des tests qui laissent présager un problème neurologique. Ils ne sont pas concluants. Pourtant, il s'agit juste de faire quelques pas et de porter le plus rapidement possible l'index à mon nez…

Son attitude ne fait qu'accentuer l'angoisse qui m'oppresse depuis la journée précédente. Son air soucieux ne présage pas de bonnes nouvelles. La consultation se terminant, nous nous regardons avec ma femme. Silencieux, le regard vide, déjà perdu. À cet instant précis, nous comprenons que tout bascule. Nous sommes encore loin d'imaginer la suite. Le spécialiste prévient le service neurologique. Une place se libérant, il m'attend pour 16 heures.

Ces examens complémentaires étant étalés sur plusieurs jours, Audrey me quitte vers midi. À la ferme familiale où elle travaille avec son père, la traite l'attend. Avant qu'elle ne regagne sa voiture, nous nous réconfortons comme nous pouvons. Pourquoi stresser ? Désormais entre de bonnes mains, tout sera mis en œuvre pour me sortir de là.

Novembre est déjà bien entamé mais le temps reste printanier. J'ai trois ou quatre heures à patienter avant 16 heures. Après avoir avalé un café et pris un sandwich à la cafétéria de l'hôpital – un lieu que j'apprendrai à connaître – j'en profite pour filer marcher sur les bords de la Maine qui, traversant Angers, coule au pied du CHU.

C'est vraiment un bel après-midi. Les promeneurs que je croise s'enthousiasment de cette météo improbable. Sur l'eau, quelques rameurs du club d'aviron s'échinent à remonter un courant déjà fort. Le bruissement du vent dans les feuillages n'est troublé que par un poste à soudure utilisé pour quelques réparations dans une péniche un peu rouillée, amarrée à la rive.

À vrai dire, ce spectacle agréable n'éveille guère mon intérêt. Non, je suis ailleurs, pensif. J'ai du mal à finir mon jambon-beurre. Le stress sans doute… Pas préparé, soucieux de la consultation du matin, je redoute le sort qui me sera réservé en signant mon admission à l'hôpital. Plus 16 heures approche, plus un pressentiment m'envahit : j'ai peur d'y rentrer pour très longtemps… J'essaie bien de me rassurer en optimisant l'efficacité et les connaissances du corps médical. En vain. Car en ce milieu d'après-midi, le long de la Maine, je marche bizarrement et je m'en rends parfaitement compte. Depuis début novembre, ma démarche est de plus en plus étrange, mes pas sont de plus en plus irréguliers. J'ai la cruelle sensation que le haut de mon corps contrôle de moins en moins mes jambes. Au bureau comme à la maison, je me cogne dans les arêtes des portes, les murs… Si je m'efforce de ne rien faire paraître, cette instabilité encore relative s'avère de plus en plus pesante, gênante.

Le weekend dernier, je n'ai pu m'empêcher de me tester. Ayant mis mes bottes et pris un sac, je suis parti ramasser des champignons dans le bois qui voisine notre maison. Je l'ai fait pour me rassurer. J'ai trouvé six ou sept coulemelles mais le cœur n'y était pas… Au bout de quelques minutes, marchant de travers, j'ai préféré rentrer. Ma femme absente, j'ai en pleurs téléphoné à ma mère. Déboussolé je voulais simplement l'entendre me dire : *« Ce n'est rien, cela va s'arranger.* » Cette conversation m'a apaisé. Mais au moment de raccrocher, mes larmes n'avaient pas séché.

D'ailleurs, ma main droite ne répond pas non plus très bien. Tenir mon crayon, écrire m'est difficile. À Renazé, au siège de l'entreprise de travaux publics où je travaille comme comptable depuis seize ans, les quelques documents écrits échangés avec les collègues témoignent combien mon écriture s'est détériorée en peu de temps. Autres troubles : j'écorche mes mots et ma vision est bizarre. Garder droit mes yeux m'est difficile. Je ne les contrôle plus.

La maladie n'en est qu'à ses prémices. Je l'ignore encore. Sans sous-estimer les compétences de mon médecin généraliste, j'ai acquis la conviction qu'il ne peut pas me guérir. Je n'en suis déjà plus au stade où je pensais n'être victime que d'une fatigue passagère, certes importante.

Le CHU est une petite ville dans la ville. Avec son immense parking, ses couloirs, ses multiples services, ses panneaux indicateurs pour s'orienter et se diriger vers le bon bâtiment. Celui qui vous attend. Le mien voisine avec la maternité. Difficile de s'égarer, le mot "Maternité" étant inscrit sur la façade en gros et en bleu foncé.

Une cafétéria sépare les deux bâtiments. À l'extérieur ou dans la salle, des futurs pères s'impatientent. Certains grillent une cigarette en faisant les cent pas devant l'entrée ; d'autres campent devant la machine à café ou jouent avec leur portable… Un instant, je me plais à rêver d'être à leur place.

Apparemment, ce lieu ne m'est pas destiné. Pas plus que la maternité. Mon rendez-vous est certes à côté mais de tout autre nature… Le service neurologique est au deuxième étage. Mon lit n'étant pas prêt, je "poireaute" assis sur l'une des trois ou quatre chaises à disposition au bout du couloir. Juste à côté de la chambre 254. Machinalement, je note son numéro sans me douter que, plus tard, cet endroit deviendra à jamais gravé en moi. Patientant, je découvre le ballet des hommes et femmes en blouse blanche. Passant de malade en malade, infirmiers et agents s'activent comme chaque fin d'après-midi.

Je suis finalement installé chambre 258, côté fenêtre. Un patient d'une cinquantaine d'années, bien bâti physiquement, occupe le second lit. Ce premier soir, nous ne parlons pas beaucoup. Je suis trop anxieux. Par la suite, son caractère sympathique m'ayant rassuré, nous lierons plus amplement connaissance.

Il est hospitalisé depuis déjà trois semaines ; un AVC (Accident Vasculaire Cérébral) l'ayant laissé paralysé du côté droit. Sa jambe droite ne réagit plus du tout. On s'occupe de lui presque de A à Z.

Je suis entre les mains de Philippe, l'interne placé sous la responsabilité du neurologue. Au fil des jours une relation étroite s'installera. Compétent, humain, franc concernant ma situation, il m'assure, dès notre premier échange que le corps médical mettra tout en œuvre pour me "sortir de là". Derrière ces propos rassurants, je pressens pourtant déjà une inquiétude croissante.

Le docteur C. est le neurologue. Comme avec l'interne, un climat de sérénité et de confiance s'installe entre ce jeune spécialiste et moi. Tout au long de mon hospitalisation, il sera l'une des seules personnes sur lesquelles je fonderai beaucoup d'espoir.

Mon problème n'est pas commun. Les jours défilent et son pronostic ne s'affirme pas. Plus inquiétant : par son comportement et les mots qu'il emploie, je comprends progressivement qu'aucun diagnostic n'a été envisagé jusqu'ici, que ces symptômes surprenants peuvent avoir pour origine n'importe quelle maladie.

Je passe une batterie d'examens. À commencer par le test de l'IRM du cerveau qui ne révèle rien de positif. De l'interprétation que l'on m'en fait, je retiens surtout que les images ne sont pas courantes et que les médicaments permettront d'atténuer les symptômes. Sous estimant les propos du neurologue, je n'ose pas demander plus de précisions, craignant qu'il m'expose la réelle gravité du problème.

D'ailleurs, après l'IRM, décision est prise de me mettre sous corticoïdes à fortes doses, pendant trois jours sous perfusion, ensuite par voie orale. J'ai assez de connaissance sur l'effet réel de ces médicaments pour savoir qu'ils altéreront mon système immunitaire. Mais constatant les premiers effets, je serai plutôt content. Avais-je d'ailleurs le choix ?

Quelques jours plus tard, une lecture plus approfondie de l'IRM m'est donnée. Une inflammation du cervelet hémisphère droit et une nécrose importante ont été décelées. Certains neurones du cervelet sont morts. Ignorant tout de l'utilité du cervelet, ces conclusions me paraissent obscures. Du chinois…

On me précise alors qu'il s'agit certainement d'un syndrome cérébelleux. Lésion inflammatoire du cervelet, syndrome cérébelleux, nécroses… : je refuse toujours d'entendre ces propos négatifs. Je veux simplement que la médecine me sorte de cette impasse. Et le plus vite possible.

N'ayant pas accès à la télé dans la chambre, mon voisin s'inquiète : ne m'importune-t-elle pas ? Si je demeure poli, je réponds sans trop savoir ce que je lui dis. Il doit s'apercevoir de mon stress. Je suis déjà dans un tel état psychologique que les éléments extérieurs, comme la programmation diffusée sur TF1, M6 ou France2, n'ont plus aucune importance.

La peur est décidemment un drôle de sentiment ! Seul m'importe ma situation, mon état de santé. Alors, mon voisin peut bien choisir la chaine qu'il souhaite et régler le volume à sa convenance. Je m'en contrefiche.

Le personnel est plutôt sympathique. Les repas sont servis vers 12 heures 30 et 18 heures 30. Et j'ai plutôt faim sans en deviner la raison. Les corticoïdes sans doute. À vérifier. Je n'ai en effet jamais eu un appétit d'ogre, ma morphologie en atteste. Avoir quelques kilos de plus durant ma jeunesse ne m'aurait d'ailleurs pas déplu. Notamment lorsque je jouais dans l'équipe de foot locale.

Me douchant dans une pièce assez lugubre à quelques pas de la chambre, je suis alors à mille lieux de penser que c'est l'une des dernières fois que je m'y rends seul… Ce déplacement matinal est l'unique occasion de sortir de la chambre où je reste cloîtré à ruminer mes angoisses. Plus les jours passent, moins j'ai le courage de me balader dans le couloir tant ma marche s'avère compliquée et ma vision instable. J'attends les résultats des examens ainsi que les commentaires des docteurs et autres spécialistes. Mon cervelet est atteint, je le sais mais la cause n'est pas encore connue.

Le diagnostic n'est pas posé alors que mon état s'aggrave très vite. Me raser correctement devient impossible. Je manque de plus en plus de fluidité et de précision, surtout du côté droit. Mes mouvements sont saccadés. J'essaie pourtant d'y prêter le moins d'attention possible car cela "doit s'améliorer"… On me le dit.

Je dors beaucoup. Le fait d'être à hôpital ne change rien. Je suis toujours aussi fatigué que lors de mon admission. Après le dîner, je "pionce" avant 20 heures ! Je suis souvent réveillé en début de nuit quand mon voisin allume son appareil respiratoire plutôt bruyant. Comment faire sinon s'enfoncer un peu plus sous les draps pour être moins gêné. Une anecdote qui ne restera qu'une anecdote… Pendant cette première hospitalisation, ma proche famille ne se déplace pas chaque jour. Inutile. Ma sortie étant programmée, je ne souhaite pas qu'elle s'inquiète. Seule, ma femme qui vient dès qu'elle a un moment de libre se rend compte de la gravité de mon état.

Audrey et moi avons convenu de ne pas dramatiser la situation auprès des nôtres. D'autant que nous avons espoir que les médicaments diminueront mes symptômes, voire les feront disparaître. Ma famille est d'ailleurs soulagée que les corticoïdes me soient prescrits. Tous ne cessent de me répéter ou me font savoir que le plus dur est derrière moi. Au téléphone ou via Audrey, je rabâche que cela va. D'ici peu, je retrouverai une vie normale, mon travail. Tout redeviendra comme avant.

Effectivement. Après dix jours d'hospitalisation, ma sortie est programmée. Les différents examens ont été réalisés, un traitement à base de corticoïdes mis en place… Ce n'est plus qu'une question de temps (quelques jours à quelques semaines) : petit à petit, mes symptômes disparaîtront, la fatigue s'atténuera. Voilà comment, au moment de quitter le CHU sous le soleil, en ce 25 novembre, je ressens ce que les autres – le corps médical – doivent penser. Pour ma part, c'est un autre film que j'entrevois déjà. Cet avenir inexplicable, je le garde pour moi. Il présage des temps compliqués. Très compliqués.

*
* *

Psychologiquement, ces dix jours ont d'ailleurs été difficiles. J'ai la redoutable impression d'être rentré dans une bulle d'où il m'est impossible de sortir, ni de m'agripper à quoi que ce soit. Je dois faire confiance au corps médical qui m'assure que je vais être tiré d'affaire.

Ma femme est presque soulagée de mon retour à la maison. Elle a tant souffert la veille de mon entrée au CHU… Dans le fauteuil, je la guette en regardant par la fenêtre de ma chambre. Pour me rassurer, j'écris. Tout ce qui me passe par la tête. Je le fais depuis le début de mon hospitalisation. C'est une manière de mesurer l'évolution de mes difficultés.

Rédiger quelques mots suffit. Tristesse : mon écriture est de plus en plus lamentable. En ce jour de départ, je finis par me résigner. À quoi bon continuer, sans doute faut-il mieux attendre les premiers effets des corticoïdes. Je reprendrai un stylo à la maison lorsque les progrès seront là. Avant de partir, les aides-soignants passent faire mon lit : « *Vous avez de la chance, l'heure du départ est proche* », répètent-ils à l'unisson. J'ai de "la chance". Quel propos décalé ! Mais comment ne pas acquiescer ? Sans le vouloir, ils me rendent encore plus coupable ; coupable de ne pas savourer plus cette sortie.

Ma femme étant arrivée au CHU dans l'après-midi, le temps que l'interne remplisse tous les papiers, il est déjà 17 heures. Souhaitant dire au revoir à mon voisin de chambre, j'ai du mal à traverser la pièce. C'est clair : mon problème d'équilibre a empiré depuis mon admission. Il n'y a aucune amélioration. Cramponné au lit, je me concentre pour lui donner une poignée de main. J'ai beau m'appliquer, j'écorche de plus en plus de mots. Personne ne m'en a jusque-là parlé, hormis ma femme.

Avant d'emprunter le couloir du service, je m'interroge : dois-je demander à ma femme d'insister pour que je reste. Je sens bien l'absence de progrès. Mais je garde le silence. Devoir dire à ma femme que je ne peux pas partir serait cruel pour elle. Alors, je prends sur moi. Audrey a l'immense espoir, et certainement la conviction que, rentré à la maison, les symptômes s'estomperont. Elle imagine ainsi l'avenir. N'est-ce pas d'ailleurs le message du corps médical ?

Audrey a garé la voiture à l'extérieur du centre, celui-ci étant comme à chaque fois bondé. Je ne parle pas trop pendant le trajet qui nous ramène à Senonnes. Les kilomètres défilent, la nuit tombe. La joie de cette sortie s'efface…

Dans la pharmacie où nous nous arrêtons pour acheter les médicaments prescrits, j'ai dû mal à prononcer chaque mot. À demeurer debout correctement. Ma main droite s'emballe quand je sors ma carte vitale. Décidément, il me sera difficile de faire comme si tout va bien. Arrivés à la maison vers 19 heures, j'ai immédiatement peur comme en quittant le CHU. Pourquoi suis-je là ? Je n'ai qu'une hâte : que les corticoïdes fassent leur effet. La crainte fait sournoisement son chemin. Si je ne suis pas encore dépressif, mon état psychologique se fragilise.

Cette sensation bizarre d'ébriété permanente me gêne, pèse sur mon moral.

3.
Le début du cauchemar

Le calvaire à la maison dure trois semaines. Trois semaines qui me font presque sombrer dans la folie, tant les maux et la douleur sont insupportables. Un cataclysme inexpliqué.

Mon état est chaque jour plus critique. Pourtant, je m'évertue à persuader mon entourage qu'il s'améliore doucement. Comme si je ne veux pas me résoudre à accepter ce qui me frappe. Me sentant coupable de ne pas aller mieux, je fais croire le contraire à mes amis, à mon collègue et ami Rémy que j'ai de temps en temps au téléphone.

Très, très seul, j'essaie de dissimuler ma souffrance aux autres. L'absence de connaissances sur ma maladie (alors toujours pas diagnostiquée) me renferme encore plus sur moi-même. Si j'évoquais mon désarroi, mes proches comprendraient de suite combien je suis peu à peu gagné par la torpeur.

Certes, je n'ai jamais été d'un optimisme extrêmement débordant – c'est dans ma nature – mais, jusque-là, cela ne m'a pas empêché de vivre normalement. Après cette première hospitalisation, ce qui m'arrive dépasse désormais les limites de l'incompréhensible. Force est de le constater. En quittant le CHU, le neurologue m'a prescrit une vingtaine de séances de kiné. Je dois ainsi retrouver certaines facultés que j'ai perdues. Du moins c'est ce que je croyais alors. « *Votre état va s'améliorer* », m'avait-on assuré…

N'étant plus capable de conduire, le kinésithérapeute que j'ai connu dans le passé sur les stades de foot passe à la maison trois fois par semaine : les lundi, mercredi et vendredi. Il me fait faire quelques exercices de stabilité et m'encourage à travailler seul dans la journée. Je dois marcher et écrire le plus souvent possible.

En fait, je ne constate aucun progrès après chacune de ses interventions. A-t-il d'ailleurs vraiment cerné mon problème ? Très vite, il me donne le sentiment d'être dépassé. Il ne s'agit plus de me "réparer" la cheville ou les adducteurs comme lorsque je tapais dans le ballon. Ses visites sont inutiles tout simplement parce qu'il n'appréhende pas mes symptômes. Mais, avec le recul, comment aurais-je pu lui en vouloir alors que même le haut de la hiérarchie médicale ne comprenait toujours pas !

Le seul reproche que je puisse lui adresser lorsqu'il passe est de ne pas m'écouter alors que je dois entendre ses recommandations. Je voudrais qu'il me dise : « *Cela ne va vraiment pas, il ne faut pas rester ainsi.* » Mais rien de cela. Pire, ses non-dits, ses silences me font basculer dans la folie. Plus personne, à commencer par lui, ne me saisit réellement. Je me perds… Un jour, il affirme à Tanguy – mon frère ambulancier qu'il côtoie à ce titre –, que mon état est désormais plutôt satisfaisant ! Stupéfait par cet échange, mon moral chute.

Je suis à la dérive et un professionnel de la santé prétend le contraire !

*
* *

Désormais quand je me lève, j'ai beaucoup de mal à me maintenir debout sans me tenir. Pour gagner la cuisine depuis notre chambre, je me tiens au mur pour ne pas tomber. À table, servir s'avère un supplice. Ma main droite tremble de plus en plus. Mes gestes manquent de coordination. Je ne suis plus qu'un robot déambulant et aux gestes bizarres.

Mes parents habitent à Châteaubriant à vingt-cinq kilomètres de Senonnes. Une distance qui ne décourage pas ma mère. Inquiète depuis notre échange téléphonique le dimanche précédent mon hospitalisation, elle se déplace dès qu'elle le peut. Ses visites sont pour moi comme pour elle, une sorte d'échappatoire. Désireuse de se rassurer, elle ne cesse de me répéter que tout va rentrer dans l'ordre. La méthode Coué en somme !

Mais la réalité est là, cruelle. Le temps passe et je me dégrade. Je vois dans son regard qu'elle veut à tout prix que je m'en sorte. J'aimerais lui faire plaisir mais c'est impossible. Par moment, je la serre très fort dans mes bras comme jamais je ne l'ai encore fait. Je comprends ce qu'elle ressent. Elle essaie de trouver les mots pour que je m'en sorte ; des mots – fussent les siens – qui ne peuvent malheureusement pas me guérir.

Lorsqu'elle est là, nous prenons un café dans le salon. La télé est allumée mais nous l'ignorons. Nos pensées vagabondent. Quand Maman me parle, je regarde à travers la baie, les arbres, les champs, mon jardin… Je suis dans un autre monde. Je regarde sans regarder.

Souvent, son regard s'embue. Alors pour chasser ses larmes, elle me propose une petite promenade. En ces premiers jours de décembre, la météo est maussade mais tant pis. Je me couvre et attrape mes chaussures. Ces simples gestes sont un véritable supplice. Je me cramponne pour ne pas tomber. Chaque jour qui passe, nouer mes lacets m'est plus difficile. Il me faut de plus en plus de temps. Je souffre, je suis au bord de l'explosion.

Dehors, ma mère me protège. Elle redoute que je tombe. Dans le froid, nous cheminons vers le petit bois distant d'une centaine de mètres. Quelques pas déjà exténuants. Elle me parle de la nature, des arbres. Des animaux de la ferme… Je lui réponds sans conviction. Ma tête est ailleurs. Il est urgent de rentrer.

Avant de me quitter pour rejoindre mon père qui soudeur-tuyauteur court de chantier en chantier, elle me prépare un énième café. Je suis désormais incapable de le faire. Alors que la nuit s'installe, je n'ai plus qu'à attendre le retour d'Audrey. Sa journée n'est pas terminée. C'est l'heure de la traite. Elle travaille encore avec son père. La ferme n'est qu'à trois cents mètres. Si près, si loin…

Audrey et moi ne sommes pas mariés. Fin 2009, nous nous sommes pacsés. Les douze années qui nous séparent n'ont jamais été une barrière. Sa maturité est exemplaire. Audrey est une fille de la terre qui ne rechigne jamais au travail. C'est tout naturellement qu'elle est devenue agricultrice. La ferme, les bêtes, la campagne font depuis toujours partie de son environnement. Elle en a besoin.

Elle s'est installée avec son père en mai 2009. L'année suivante, nous avons dessiné ensemble la maison que nous habitons depuis février 2011. Nous sommes fiers du résultat. Avoir notre propre toit est un marqueur fort pour signifier le début de vie commune.

Construite proche de l'exploitation pour faciliter au

mieux l'organisation du travail d'Audrey, notre maison n'est pas grande. Mais avec nos moyens, nous avons su nous offrir un petit coin à nous, un petit coin de paradis dans la campagne, à côtés de ses animaux, les vaches. À vingt-cinq ans, Audrey prend son métier à bras le corps. J'en suis fier. La traite, le soin des animaux, le travail de la terre, les tâches administratives, le stress de la gestion financière, etc… la mobilisent à plein.

L'exploitation est modeste. Rien à voir avec les grosses structures que l'on connait et qui ne pensent qu'à faire du profit. Il lui faudra cependant songer un jour s'agrandir pour pérenniser l'exploitation. Elle fait son métier par passion, parce qu'elle aime ses bêtes. C'est important pour elle. Financièrement, ce n'est pas toujours facile. Audrey ne compte pas ses heures mais nous y arrivons, nous nous débrouillons. Beaucoup auraient baissé les bras. Pas elle. Jamais, elle ne se plaint. Malheureusement, depuis bientôt un mois son quotidien est complètement bousculé.

Je suis chaque jour plus diminué. La kiné et les corticoïdes ne me font pas d'effet. Les guérisseurs que je contacte en parallèle ne sont d'aucun secours. La peur me taraude. Je suis dans un trou dont je suis incapable de sortir.

Je m'accroche. Je fais les exercices recommandés par le kiné. J'écris également. L'écriture est un bon curseur pour évaluer la progression de mes maux. Pas de chance, elle est de moins en moins lisible. Plus inquiétant : je ressens de la douleur aux doigts et à mon poignet droit.

Cet autoexamen tourne à l'obsession. La nuit, vers 3 ou 4 heures je me réveille pour rédiger quelques lignes sur mon carnet. Je m'installe dans la salle à manger. Désillusion : les douleurs sont bien présentes. Alors, je n'insiste pas et vais me recoucher toujours plus inquiet. Le cauchemar est en marche.

La vue est aussi un des symptômes qui me paralyse. Dehors, lorsque je jette un coup d'œil depuis la baie vitrée, tout est désormais complètement instable : les vaches ne sont plus des vaches, les arbres ne cessent de bouger, le bois fait du va et vient. Incapable d'apprécier les distances, tout me paraît en même temps à la fois loin et si près. Je sombre dans un monde irréel. Audrey passe parfois dans la journée. J'ai du mal à la distinguer lorsqu'elle arrive de la ferme. Et lui faire un signe de la main est quasi tâche impossible. Lent et maladroit, je tremble. Un inconnu me prendrait pour un déséquilibré.

Le matin, chaque réveil est un défi et une nouvelle interrogation. Comment suis-je par rapport à la veille ? La réponse est toujours la même : moins bien. J'évite de trop bouger la tête pour ne pas accentuer mon instabilité.

Au petit déjeuner, mon environnement étant un peu plus stable, je retrouve davantage de "confort" pour peu que je demeure immobile et que mes yeux ne courent pas d'un objet à l'autre. Sinon, catastrophe.

Débarrasser la table est une épreuve. La faute à ma main droite. Autre étape redoutable : la salle de bains. Se raser, se laver, se brosser les dents, se peigner, tous ces gestes quotidiens sont devenus une torture. Le miroir n'a plus d'utilité. Ma tête ne finit pas de bouger, comme si mes yeux refusaient de la fixer. De retour dans la chambre, je m'habille fébrilement. Rapidement. Assis sur le lit, j'attrape mes vêtements avant que mon instabilité ne m'en empêche.

Le kiné passe un jour sur deux, en fin de matinée. Entre temps, je m'exerce seul. Très vite je me décourage : accomplir correctement des gestes simples comme marcher sur une ligne, me tenir sur un seul pied m'est impossible.

Le retour d'Audrey pour le déjeuner est la seule embellie de la journée. Un moment de partage que j'attends.

Elle me raconte sa matinée et réciproquement. Bien sûr, je n'ai rien d'extraordinaire à lui confier sinon que mon état "suit son cours". Qu'ajouter d'autre ? Chaque jour je me sens encore plus invalide que la veille. Audrey doit s'en apercevoir. Redoutant qu'elle s'inquiète, je ne m'étends pas. Ce refus de communiquer, d'évoquer ma souffrance me sera plus tard préjudiciable. Je l'apprendrai.

Pour soulager Audrey et surtout pour me tester, je balaie la salle de séjour avant son arrivée et dresse souvent la table. Mais regarder un sol qui n'en finit pas de bouger est un supplice. J'ai des vertiges. Je crains à chaque instant la chute. Las, j'ai fini par ranger ce fichu balai dans le garage avec l'espoir de le reprendre un jour.

Le repas est un moment de répit. Comme à l'hôpital, j'ai un appétit d'ogre. Les médicaments en sont la raison. C'est pour l'instant le seul effet des corticoïdes. Malheureusement. Audrey fait la cuisine. Je ne suis pas un grand chef mais je pourrais m'y mettre. Impossible, attraper une casserole, verser du riz, sortir le beurre du frigo sont mission impossible.

Après le fromage et le café, le même rituel se répète. Je dessers. Maladroitement. Audrey s'en rend compte mais s'abstient d'une quelconque remarque. Avant de regagner l'exploitation en bravant la pluie et le froid, elle ne manque jamais de me proposer de passer. Cela lui ferait plaisir. J'en suis certain. Par dépit, je me contente d'un bref : « *Je vais voir.* » Ce n'est pourtant pas le temps qui me manque. Mais l'envie n'y est plus. Faute de pouvoir profiter comme avant.

Johan s'annonce un après-midi. Treize ans nous séparent. Âgé de vingt-sept ans, il est le dernier de mes trois frères. La vie ne l'a pas épargné. À 20 ans, la maladie de Crohn lui a été diagnostiquée. Cette inflammation des intestins est très pénalisante, surtout quand on est jeune. Les douleurs intenses au ventre, les va et vient fréquents aux toilettes, voire même permanents, un mal-être général,... sont très durs à supporter.

Sept ans auparavant, lorsque j'ai appris ce dont il souffrait, j'ai trouvé cela tellement injuste que je me suis efforcé de passer le plus de temps auprès de lui durant tout le pic de la maladie. Cette épreuve était difficile à admettre. J'étais alors désemparé.

Sans doute en ce mois de décembre 2011, comprend-il mieux que quiconque mon état d'esprit. Johan est d'ailleurs lui aussi en arrêt maladie ; une énième poussée s'étant manifestée. Il est comme moi soigné aux corticoïdes ; le seul remède qui le soulage. La "corticodépendance" le menace.

Ensemble, nous évoquons mes incertitudes, mes symptômes qui ne cessent de m'envahir. Avec ses mots, il essaie d'apporter une réponse à ce qui m'arrive. Il n'y en a bien sûr pas. Mais sa présence, comme celle de ma mère, me rassure.

Pour oublier un instant nos maux, nous nous risquons à une balade dans l'espoir de surprendre un chevreuil, un faisan, voire un sanglier dans le bois. C'est depuis toujours notre grande distraction. Marcher avec une vue instable et une démarche de plus en plus saccadée tient du numéro d'équilibriste. Johan m'aide pourtant à franchir les clôtures, à me jouer de l'herbe haute... Je n'en suis déjà plus capable seul. Mais je marche encore. Le voyant s'éloigner en cette froide fin de journée de décembre, je sais que je peux compter sur lui, comme sur mes deux autres frères, Grégory et Tanguy. Lui parler m'a fait du bien, même si je demeure englué dans un profond mal être.

Les coups de téléphone sont fréquents. Ma famille et les amis ont souvent la regrettable habitude de me dire que cela doit aller mieux. Parfois, ils ont tendance à sous-estimer la gravité du problème. D'autres fois, ils ne veulent pas accepter la vérité ou se refusent à saisir l'étendue du mal. Rôdé à les entendre, je ne fais jamais rien paraître de ma détresse. L'incompréhension des autres, même bien intentionnés, verrouillent mon envie de communiquer sur cette spirale infernale qui me pourrit mon quotidien.

Je craque. Vivre ou plutôt survivre dans de telles conditions est inhumain. Les symptômes s'intensifient, mon état se dégrade. À aucun moment, ces derniers jours, je n'ai senti une brève amélioration, ni même une stabilisation. Mes gestes sont de plus en plus lents et brusques. De plus en plus maladroit, je manque de chuter à chaque instant. Mon côté droit devient imprévisible. Mes réflexes sont quasi inexistants ou au contraire exagérés… Souffrant de diplopie (vision double), je ne peux plus lire, plus regarder la télévision.

Incapable de savoir où je place mon crayon, j'écris par-dessus les mots. Je n'ai plus aucun repère. Les lettres se dédoublent. Cela en est trop. Je sombre la journée mais aussi la nuit. Dans le lit, dès que je tourne ma tête, je suis pris de vertiges. J'ai des pertes de connaissance et des trous noirs. Passer un jour de plus à la maison risque de m'être fatal. Je le sais. Et pourtant, je n'ai aucune envie de retourner dans le centre de neurologie à Angers. Mais j'ai déjà trop attendu, trop retardé l'échéance. Il est temps de réagir. J'ai mal pour Audrey et moi. Nous sommes dans une véritable impasse, incapables de sortir de ce piège infernal. Coupés du monde, nous nous sentons désemparés.

*

*   *

Dimanche 18 décembre. La matinée est froide et ensoleillée. Un temps de décembre. Je me lève laborieusement. Comme depuis mon retour du CHU il y a près de trois semaines. Une pensée s'égare : je me réveille pour la dernière fois chez moi. Petit-déjeuner silencieux, douche pénible : je ne cesse de réfléchir au déroulement de ma journée. Hier, j'affichais encore un soupçon de solidarité avec Audrey. Sans doute, espérais-je encore. Mais, ce matin, attendre encore m'est impossible. À quoi bon d'ailleurs, chaque aube est pire que la précédente.

Pendant le déjeuner, ma solitude ne m'abandonne pas. Je suis absent. Avec Audrey, nous nous regardons en silence. Sans un mot. Je perçois son immense inquiétude et devine cette question qui la taraude mais qu'elle n'ose me poser : « *Qu'est-ce qu'on fait ?* » Notre quotidien n'est plus que calvaire.

Ensemble, nous décidons de partir aux urgences d'Angers. La table débarrassée, je prépare mon sac, réunit quelques affaires personnelles. Sans trop savoir ce que je fais précisément tant ma pensée est brouillée. Alors que je mets mon manteau, Johan s'annonce. Il vient aux nouvelles. Il a dû voir ma tête avant d'entrer. Chamboulé, je ne peux contenir mes sanglots.

Mon frère me saisit la main. Il ne dit rien. Mieux que quiconque, il sait qu'en pareille circonstance les mots ne sont plus utiles ni suffisants pour me réconforter. Je lâche à mi-voix : « *C'est foutu* », comme j'aurais pu dire « *C'est fini, je vais mourir.* »

Me reprenant enfin, nous montons dans la voiture. Johan nous conduit à l'hôpital d'Angers. C'est mieux ainsi. Pendant le trajet, je me tais et pleure. Audrey qui a pris place à l'arrière me soutient en me prenant la main. Je l'entends sangloter. Elle ne mérite pas cela. Je suis triste pour elle. Mon frère s'efforce de briser le silence. En vain. Il n'insiste pas tant je suis désemparé même si ce retour à l'hôpital devrait un peu me rassurer. Un peu seulement.

17 heures, arrivée aux urgences. Une épreuve pénible. Je passe par plusieurs box. À chaque fois, je dois répéter à des interlocuteurs différents mes symptômes et le pourquoi de ma venue. Ce personnel fait un métier ingrat. Gérer correctement chaque patient est difficile. Le service me semble débordé. Complètement débordé. Et pourtant, certaines personnes n'ont visiblement rien à y faire. En cette fin d'après-midi, un homme alcoolisé, parle très fort et fait perdre un temps précieux aux infirmières. D'une vulgarité sans nom, il fait un vacarme infernal pendant que je patiente sur un brancard.

Andrey et Johan me quittent à 22 heures. Je dois passer un scanner avant qu'ils me trouvent une chambre dans un service. Il est déjà tard. Je pressens que je vais passer une bonne partie de la nuit couché sur un brancard trop étroit pour moi. Les vertiges n'ont pas cessé. Au moindre mouvement, je risque la chute. Vers minuit, l'étape du scanner franchie, un aide-soignant me ramène dans mon box. Je dois encore patienter. Il y a beaucoup de passage, de va et vient d'autant que je suis juste en face du poste infirmier.

Devant aller aux toilettes, j'ai beaucoup de mal à descendre du brancard. Je me tiens au mur. De peur d'être catalogué comme un alcoolique qui achève un week-end trop arrosé, je me fais le plus discret possible. Il est 4 heures 30 du matin, lorsque je suis enfin accueilli au service neurologique, soulagé d'être seul dans une chambre plutôt que perdu dans l'effervescence des urgences sur un brancard de fortune.

Les infirmiers de nuit m'apportent de quoi me nourrir. Enfin ce qu'ils ont sous la main : un yaourt et quelques biscuits. Ils ne comprennent pas pourquoi rien ne m'a été donné aux urgences. Avant que je ne m'endorme enfin, ils me retirent les corticoïdes que j'ai apportés.

Dès le réveil, doutes et interrogations me submergent. Dans l'après-midi, mes parents, inquiets de l'évolution de la situation, se déplacent depuis Châteaubriant. En leur compagnie, je me sens un peu moins seul. Sans les affoler, j'essaie d'afficher un certain optimisme en réclamant simplement leur soutien pour contourner ce passage difficile.

Mais ma façon de leur dire et de me comporter les préoccupe. Je devine de l'angoisse dans leur regard. Que dire à mère qui s'est déplacée si souvent à la maison au cours des trois semaines écoulées ? Tout ce que l'on s'est alors dit est anéanti par cette seconde hospitalisation.

Nos discussions ont été vaines. Ses encouragements inutiles. Maman m'a donné tout son amour et, comme seule récompense, je ne fais que l'alarmer encore en la recevant allongé sur un lit d'hôpital.

Pour tenter de me rassurer une fois de plus, mes parents me disent que je suis entouré de médecins, qu'ils vont trouver une solution. Très vite je pourrais ressortir. Mais de cette éventuelle sortie, je n'ai que faire. Je ne veux qu'une chose : ne pas revivre le scénario épouvantable des trois semaines à la maison. J'attends avant tout une solution et que l'on mette enfin un nom sur mon mal.

En ce lundi, mes parents ne se doutent pas qu'ils reviendront souvent me voir au cours des prochaines semaines. Très souvent… Pendant toute mon hospitalisation, ils seront là, avec leurs mots, leur présence, leur amour… Qu'ils m'entourent est un besoin.

Lors de cette première journée, le neurologue le docteur C. passe. Il n'a pas de réponses à m'apporter et s'étonne que les corticoïdes n'aient pas amélioré mon état. Doucement, il me prépare à subir une batterie de nouveaux tests. Je suis dubitatif. Les examens passés lors de ma première hospitalisation n'ont fait que constater le mal. Rien de plus. Ayant la fâcheuse impression que les médecins sont dans l'inconnu, j'ai le sentiment qu'il faut agir vite ; chaque jour qui passe ma santé se dégradant un peu plus. Le pire est pourtant devant moi. Je suis encore loin de l'imaginer.

La première journée se termine. Éprouvante. La personne âgée qui partage ma chambre double se livre depuis déjà une trentaine de minutes à des facéties peu orthodoxes. Cet homme n'a plus toute sa tête. Son comportement agace les aides-soignantes. C'est celui d'un pervers. Ses allers retours incessants de son lit au couloir, avec pour seul habit sa chemise de nuit à moitié ouverte, sont insupportables.

Il ne me parle pas. Tant mieux, je n'ai aucune envie d'engager la conversation. Bientôt, il m'irrite carrément d'autant qu'il entreprend de fouiller mon sac où se trouvent mes affaires personnelles. Le personnel, lassé de ses bouffonneries, me change enfin de chambre. Je n'ai rien à faire là.

D'autant que je suis en pleine panique. En me retournant dans mon lit, pris de vertiges, j'ai perdu connaissance pendant plusieurs secondes. Depuis, j'ai des nausées et un mal-être bizarre. L'aide-soignante, à qui j'explique mon problème, n'a pas l'air de le cerner. Stress. Elle me prend la tension, la température…

Tout cela est inutile. Il faut chercher ailleurs. C'est dans ma tête que cela ne tourne pas rond. C'est le début de l'incompréhension entre moi et le corps médical. Certes, je sais que je ne suis pas au bout de mes peines et que je ne serai pas guéri demain. Mais ce soir, j'attends l'avis d'un spécialiste plutôt que celui d'une aide-soignante, tout compétente qu'elle est.

Ma nouvelle chambre est la 271. Au fil des semaines, j'apprendrai à me souvenir de ces numéros, chacune des chambres correspondant à un traumatisme différent. La 271 est déjà occupée par un patient. Les premiers contacts sont sympas. Ouf ! Cette seconde nuit est effectivement plus reposante, même si mon voisin doit mettre en marche un appareil respiratoire toujours aussi bruyant. J'ai déjà connu.

Les jours suivants, je trouve la volonté de nouer connaissance avec ce voisin d'une quarantaine d'années. Sa vue a fortement baissé. Le corps médical n'a pas encore posé de diagnostic. Il est dans… le flou. À mon tour, je lui expose les raisons de ma présence dans ce service.

Nous partageons la même analyse : un problème de santé non élucidé, comme c'est son cas, occasionne bien des questions qui affectent encore un peu plus notre inquiétude. À ce titre, son problème, proche du mien, me rassure. Tous les deux dans la même impasse, je suis moins isolé dans ma détresse.

Et lorsque trois jours plus tard, il me quitte pour passer les fêtes en famille, les incertitudes liées à son état ne sont toujours pas résolues. Un peu comme moi, à l'issue de ma première hospitalisation un mois auparavant. Il sort mais rien n'a été réellement diagnostiqué. Je n'entendrai plus parler de lui. J'espère que les médicaments prescrits lui ont été bénéfiques.

Noël approche. Et encore une fois, on me transfère dans une autre chambre. Ce ne sera pas la dernière fois… En période de vacances, certaines chambres doivent restées vacantes. C'est bien connu, les gens sont moins malades en période de congé ! Ma nouvelle chambre a deux lits mais je suis seul. J'ai été transféré en fauteuil car désormais il m'est totalement impossible de marcher. Même en titubant. Je m'y attendais depuis mon admission une semaine auparavant. Je conserve juste assez de force pour demeurer assis. Pour combien de temps encore ?

Philippe, l'interne, qui s'était occupé de moi un mois auparavant, n'est plus là. Dommage. L'interne qui me prend cette fois en charge est d'un tout autre caractère. Son attitude froide et je le sens – à tort ou à raison – incompétent. Il ne me rassure pas. Bien au contraire. À chacun de ses passages, j'ai droit au même refrain. De mon côté, j'ai l'impression de lui rabâcher, à chaque fois, la même chose, de ne pas être écouté lorsque je lui répète que plus ça va, moins ça va.

Il doit pourtant bien s'apercevoir que je ne marche plus, que je baragouine, que mon côté droit n'est plus que tremblements ! Son attitude me panique. Sa manière de rentrer dans la chambre les mains au-dessus des hanches signifiant “je ne sais pas” me stresse. Il m'agace. J'ai le sentiment qu'il a peur de moi d'autant que rien ne se passant, je montre des signes d'énervement. Cet interne me semble dépassé par l'ampleur que prend ma maladie.

Je n'ai aucune compétence hospitalière mais la première chose que doit savoir faire un interne, tout débutant qu'il est, n'est-elle pas de rassurer les patients, de les comprendre, de leur apporter des réponses, de leur parler… Non seulement cet interne ne domine pas son sujet mais en plus il manque singulièrement de diplomatie.

J'en parle à ma femme, mes frères et mes parents. Cette situation ne pouvait plus durer. Je m'emporte devant eux alors que je n'ai vraiment pas besoin de cela. Son manque d'assurance concourt à la dégradation de mon état. J'en suis certain. Pour moi, ce jeune médecin n'a pas sa place dans ce service de neurologie. J'en deviens même excessif lorsque j'évoque sa personnalité auprès des miens : « *Il ne mérite qu'un bon coup pied au derrière pour qu'il s'en aille le plus vite possible.* » Il effectue cependant deux ponctions lombaires en quatre jours, à la demande du neurologue. La seconde était-elle utile ? Je me le demande encore ! Bien sûr, lors de ces deux examens, je n'ai droit à aucune marque de prévenance de sa part. Pas un mot, pas un soutien. J'en suis réduit à me concentrer exagérément pour ne pas qu'il fasse une fausse manip. En caricaturant, je dirai qu'il fait le minimum syndical, point barre.

Quelques jours plus tard, je dois à nouveau changer de chambre. Le docteur C. souhaite m'avoir au plus près de lui. Me voilà désormais dans l'unité 250, la sienne, avec l'espoir de retrouver, Philippe, l'interne avec qui j'ai sympathisé.

*

* *

Ma nouvelle chambre, la 254, est au fond du couloir de l'unité neurologique. Elle ne m'est pas inconnue. En novembre, j'ai patienté quelques heures à côté. Cinq semaines après, elle accueille un grabataire. Ou quasi sur le point de le devenir. Les corticoïdes désormais prescrits à des doses relativement élevées (bien plus que lors de ma première hospitalisation) ne font toujours aucun effet.

Plus grande qu'une chambre classique, la 254 n'accueille qu'une personne. Derrière un lit médicalisé des plus ordinaires encadré de deux barres censées me permettre de me relever, une porte coulissante ouvre sur une petite pièce.

Laquelle fait office de toilettes et de salle de bains ; sans la douche bien sûr. La décoration est succincte. Au mur : une télévision fixée sur un support réglable. À côté, une peinture sans charme représentant une femme grisonnante.

Un placard à droite du lit, un petit meuble de rangement et un fauteuil à gauche complètent le mobilier de la pièce. De mon lit, je distingue vaguement une fenêtre. Vaguement car ma vue est tellement instable, décousue, que je n'en garde qu'un vague souvenir. D'ailleurs pendant tout mon séjour, jamais je ne l'approcherai pour jeter un coup d'œil dehors. Ah quoi bon ! Je ne vois plus. Un vrai désastre.

Pour moi, ces transferts répétés sont le signe que le corps médical tourne en rond. L'inefficacité des corticoïdes en est une illustration supplémentaire. N'ayant plus aucune confiance en ces médicaments, je suis d'autant plus en alerte que Noël se rapproche. En clair, l'administration hospitalière va devoir faire avec des effectifs clairsemés pendant quelques jours.

Il n'y a pas de miracle à espérer avant au moins début janvier.

*

* *

Chaque après-midi depuis mon hospitalisation il y a maintenant une semaine – et cela continuera –, ma famille me rend visite. Audrey, mes parents, mes frères… se relaient. Je suis bien entouré.

Une chance, la solitude dans un hôpital est insupportable, qui plus est en cette période de fêtes familiales. La perspective de passer Noël allongé sur mon lit de douleur m'attriste et concourt à mon affaiblissement.

D'autant que je sais que là-bas, à Senonnes ou à Châteaubriant, ma femme, ma belle-famille, mes parents, mes neveux, mes frères s'apprêtent à vivre un Noël pas comme les autres à cause de mon état. Cela me chagrine. Pour Audrey, je m'inquiète encore plus. Je lui fais subir un supplice inacceptable. J'aimerai qu'ils se regroupent tous pour m'offrir le plus beau cadeau qui soit : la guérison.

Le 24 au soir, Audrey tient à rester plus longtemps à mes côtés. Elle commande un repas spécial auprès des infirmières. Pas un dîner aux chandelles bien sûr, simplement un menu amélioré. Suffisant pour oublier quelques minutes notre malheur. Par mon attitude, je dois donner un peu de joie à Audrey qui en a tant besoin pour tenir, pour survivre à ce cauchemar chaque jour un peu plus noir.

Audrey m'offre un bracelet en céramique. Elle est heureuse en me tendant le paquet-cadeau. Sans doute plus que moi qui suis incapable – et pour cause – de la gâter comme les années précédentes, où entourés de tous nous passions la soirée à refaire le monde et à rire de la joie des neveux découvrant leurs jouets. L'esprit de Noël…

Avant de partir me rejoindre au CHU, Audrey a laissé un magnifique cadeau à ma famille : une enveloppe à ne décacheter qu'après l'ouverture de tous les paquets. La consigne ? Lire la lettre ensemble. Nous savons qu'ils nous appelleront aussitôt après.

Scénario respecté : je les ai au téléphone les uns après les autres. Tous nous félicitent. Audrey et moi allons être parents ! L'événement était consigné dans l'enveloppe. Joie, larmes, émotion partagée… La mise en scène d'Audrey est une réussite. Si ce soir-là, je suis brisé, je suis aussi heureux d'avoir choisi cette date pour leur révéler cette future naissance.

Deux mois auparavant, lorsqu'Audrey m'avait annoncé qu'elle était enceinte, je me portais encore comme... un charme. Nous avions alors réfléchi à la meilleure manière pour mettre nos proches dans la confidence.

Nous avions hâte et surtout nous voulions marquer le coup en organisant une fête réunissant nos deux familles et quelques amis. Une joie de courte durée... Une semaine après, les premiers symptômes apparaissaient. Depuis, nous n'avions rien dit.

En cette fin décembre, cacher ce secret est devenu insupportable. Même si ma santé est au centre des préoccupations de tous depuis plus d'un mois, il est temps de mettre les proches au courant. C'est fait. Décidément ce Noël 2011 ne sera jamais comme ceux passés.

Au téléphone, frères et parents trouvent un argument inattendu pour me remonter le moral : « *Il faut que tu te battes pour ce petit bout de chou* », me répètent-ils à l'envie. Audrey joue les prolongations. Un peu. Éreinté, épuisé, j'ai hâte de dormir. Réveillon ou pas, la fatigue ne choisit pas ses soirées.

Le 25, Michel et Brigitte, mes beaux-parents et Maxime, mon jeune beau-frère sont à mes côtés. Ils me félicitent. Comme mes parents, ils ont appris la nouvelle la veille par une carte. Ils vont être pour la première fois grands-parents. Au téléphone puis à mon chevet, leur émotion est palpable. Joie et inquiétude se mêlent. Leur mot d'ordre est le même : Bats-toi. Mais lutter ne suffit toujours pas, je l'apprendrai plus tard.

La semaine d'entre les fêtes s'écoule sans aucune évolution. Les médecins m'administrent toujours des corticoïdes sous intraveineuse à fortes doses. “Un remède de cheval” désespérément sans effet. Mes proches à qui j'en parle me répètent que je dois être patient, que je n'ai pas d'autre choix que de faire confiance à la médecine…

Pour toute réponse, je me tais et me renferme sur moi. Attendre ainsi signifie souffrance accentuée.

*

* *

Et puis début janvier, tout s'accélère. Je suis comme aspiré vers l'improbable. La maladie franchit un nouveau cap. En quelques jours, je suis comme un fantôme, je ne suis plus qu'une sorte de zombie. Le cauchemar physique et psychologique débute dès le réveil. Un rituel immuable. Un calvaire. À 6 heures chaque matin, le va et vient des aides-soignantes et des infirmières dans le couloir m'alerte. Elles parlent bruyamment. Bientôt, je connais tous les prénoms des occupants des chambres voisines.

Vers 7 heures 30, c'est mon tour. Store levé, lumière artificielle. M'efforçant de tourner la tête pour "localiser" le personnel dans la pièce, immédiatement les vertiges s'accentuent. Leur faisant part de mon inquiétude, les infirmiers ne manquent jamais de me rappeler que : « *Cela donne toujours cette impression quand on allume.* » Je sais pertinemment que ce n'est pas la raison. Lassé, je finis par m'abstenir de toute remarque. Pourquoi insister ? Je souffre en silence.

L'infirmière me prend la tension et la température. Les constantes comme elle dit. Régulièrement, elle me prélève l'équivalant de cinq, dix ou quinze flacons de sang. Parfois, elle m'explique pourquoi, parfois non.

Quand il m'arrive de demander l'utilité des prises de sang, j'ai souvent le sentiment de déranger. J'entends un vague « *je ne sais pas* » qui me fait comprendre de m'occuper de ce qui me regarde et de rien d'autre. C'est pourtant mon sang que l'on prélève ! Alors comme pour le reste, j'apprends à me taire. Je tends mon bras et demeure silencieux. Pourquoi s'évertuer à poser des questions si l'on n'obtient pas de réponse ? Mes médicaments avalés avec le petit déjeuner, je me rendors, déjà épuisé. Je suis si fatigué que j'en viens à supposer que je suis complètement drogué.

Le déjeuner est également un moment que je redoute. Un véritable carnage. Au début, je me débrouille seul. Cela ne dure pas. Je n'arrive plus à attacher ma serviette autour du cou. Incapable de porter la fourchette à ma bouche ni même de m'essuyer correctement – la faute à ma main que je ne contrôle plus –, mon repas se disperse sur les draps du lit. La sauce dégouline, les nouilles s'éparpillent, le plateau n'est plus qu'un champ de bataille. Pour avaler mon café, les aides-soignants doivent me mettre une paille dans la bouche.

Bientôt je ne peux plus manger seul. Et c'est encore pire au petit-déjeuner. Une échéance désastreuse que je me suis efforcé pourtant de différer le plus possible. Un midi, j'abdique. Désormais, les aides-soignants me donnent à manger. Certains le font sans même m'interroger. D'autres se risquent à le faire : « *Vous avez besoin de moi ?* » Surpris, je ne sais quoi répondre. Je suis ennuyé d'avouer l'inavouable : « *Oui, je ne peux plus manger seul.* » À cette gêne succède l'irritation. Je n'ai qu'un souhait : que l'on cesse de me poser toujours cette même question.

Tous les aides-soignants n'ont pas la même conduite. Certains sont perturbés par mon état. Pour d'autres, peu nombreux heureusement, je ne suis qu'un patient lambda incapable de se débrouiller seul. Je les dérange. Et je suis blessé de constater qu'ils attachent si peu d'importance à mon mal-être.

Dès que je suis seul et que je ne suis pas trop fatigué, je joins systématiquement Audrey ou quelqu'un de ma famille. Généralement après le café du matin. Mais tenir fermement mon portable est mission impossible, tant mes doigts et mes avant-bras me font mal. Mes gestes étant alors brutaux, approximatifs, imprévisibles, le téléphone m'échappe souvent.

Si j'ai de la chance, je le récupère maladroitement sur le lit. S'il tombe par terre, la situation se complique. Que faire ? Sinon attendre qu'un personnel revienne dans la chambre. Certes, je peux sonner. Mais je n'en ai pas la force. Me voilà coupé du monde.

La peur m'inonde. L'impatience d'avoir quelqu'un en ligne pour me rassurer m'est insoutenable. Parfois, j'en viens à regretter d'avoir un portable digital, étant incapable d'appuyer sur les bonnes touches tant mon doigt tremble. Il me faut entre cinq et dix minutes pour faire le numéro. Ma vue double et flottante ne me facilite pas la tâche.

Peu importe le temps que cela me prend. Je dois le faire. Non pas pour raconter ma nuit comme souvent mes proches me le demandent, mais pour réclamer leur soutien. Je les supplie de ne pas me laisser comme cela. Que ce soit ma femme, mes parents ou mes frères, je sens à leur voix qu'ils font tout leur possible.

Mais j'attends plus, beaucoup plus : « *Il faut me sortir de là.* » Quand je raccroche, je ne suis pas soulagé. Maigre consolation : mes nerfs qui étaient à vif avant de téléphoner, le sont un peu moins. L'optimisme de leur propos me fait du bien. Mais c'est insuffisant.

Mon élocution est désormais complètement incompréhensible. Parler exige énormément d'efforts. Ma voix est rauque et étranglée. Mes interlocuteurs ne la reconnaissent pas. Pour le neurologue, ce trouble de la parole (dysarthrie) est la conséquence de la lésion inflammatoire du système nerveux central. Dysarthrie, diplopie (vue), aphasie… des termes médicaux que l'on me colle pour expliquer les différents symptômes. Il y en aura encore beaucoup d'autres.

En raccrochant, je suis soulagé. Mais cela ne dure pas. Deux ou trois minutes tout au plus. Peur et fatigue me "plombent" déjà. Les efforts pour manger puis téléphoner ont été surhumains. Je replonge dans une détresse totale. Meurtri, je fixe alors comme je peux le tableau accroché au mur.

Sans doute pour chasser les images de ce repas qui s'est répandu partout, de ce portable qui git à terre ou qui a disparu sous le drap. Détresse supplémentaire : ce tableau, cette femme grisonnante, je la distingue à peine. Ma vision s'est encore détériorée. Il m'est impossible de faire le point sur quelque chose. J'évolue dans un monde où l'instabilité est la règle.

Mon visage est difforme. L'hémiface droite, du cou jusqu'au cuir chevelu, est comme anesthésiée. Au point que la sensation de ma narine gauche est totalement différente de la droite. J'ai l'impression que mon visage est celui d'un monstre, comme on en voit dans les bandes dessinées de science-fiction. Je suis un homme à deux visages.

En ces premiers jours de 2012, je régresse vitesse grand V. Je suis incapable de faire seul ma toilette ni même de me redresser dans mon lit. Vers 9 heures 30, après leur pause matinale, les aides-soignantes m'accompagnent à la douche. Je haïs ce rendez-vous. Par fierté sans doute. Du coup, je n'y vais qu'une fois tous les deux jours. Un chemin de croix.

M'assoir sur le chariot à douche ou sur mon fauteuil rouge est déjà une épreuve. Un programme réglé au millimètre.

Comment se redresser ? Comment se mettre au bord du lit ? Comment se mettre debout ? Avancer ? Comment m'installer dans le fauteuil ? Je m'appuie sur les épaules des aides-soignantes pour passer "d'une station" à l'autre.

Ensuite, débute le marathon. On me prend une serviette, le shampoing, le gel douche… qu'on pose sur mes genoux. Je demande à être le mieux possible sur le fauteuil. J'ai en effet la hantise de basculer sur l'avant, mon corps étant incapable de se redresser. Tenir sur les genoux les affaires de toilette nécessite de ma part une attention épuisante. Le personnel ne s'en aperçoit pas toujours. Souvent, les tremblements intempestifs et les réflexes désordonnés font que tout tombe pendant le transfert jusqu'à la douche.

Des agents me conseillent de me faire "beau" pour accueillir les visites de l'après-midi. Mes vêtements sont dans le placard. En me les présentant ils s'inquiètent de savoir si cela me convient. Que répondre ? Sinon un faible : *« oui, c'est très bien. »* En fait, cette chemise, ce pull, les tee-shirts et les bas de joggings apportés par Audrey, je les discerne à peine. Et puis d'ailleurs peu m'importe mon habillement et mon apparence. Je m'en fous. Cela n'a plus aucune importance à mes yeux. J'ai d'ailleurs le sentiment étrange qu'ils sont en train de me "lâcher".

La douche est à l'autre extrémité du couloir. En m'y rendant sur mon fauteuil, je croise non pas des personnes mais des ombres. Impossible d'identifier qui que ce soit. Je ne suis plus qu'un mort-vivant au milieu de ces médecins, infirmiers, personnel soignant… Ils vaquent, bougent, marchent, parlent. Je n'entends plus qu'un bruit sourd, ne devine que des formes. Enfermé dans une bulle, je suis incapable de réintégrer ce monde "normal" que je côtoie pourtant.

Prendre une douche m'est douloureux. Minuscule, sans charme, la pièce me rappelle une cellule. Et j'en suis le détenu. Deux personnels me transfèrent du fauteuil à la chaise de bain. Ma jambe et mon bras droits étant complètement désarticulés, je me cramponne pour ne pas basculer.

Déshabillé, je patiente nu quelques instants avant que l'aide-soignante ne revienne pour me laver de la tête au pied. Un moment désagréable tant je m'obstine à fixer un point sur la paroi, de façon à rester le plus stable possible, pour que mon corps ne fasse aucun écart qui pourrait être dangereux. Je pense, à tort ou à raison, qu'en me concentrant ainsi, je tremble moins.

Je m'efforce d'être correct et respectueux avec le personnel. Avec la plupart, j'échange quelques mots, leur répète que jamais je n'oublierai leur dévouement si un jour je dois m'en sortir. Ils me répondent souvent que cela fait partie de leur métier. Avec quelques-uns, le contact est plus bref, plus froid, sans empathie. Ils refusent de parler. Ils sont de corvée.

L'aide-soignant m'essuie. Je n'ai qu'une hâte : que ce supplice s'achève, que je regagne ma chambre même si je ne suis pas complètement sec. Rhabillé, je retraverse ce couloir. Enfin !

Les premiers jours de mon hospitalisation où je pouvais encore faire ma toilette seul sont déjà si loin… On me posait sur la chaise de douche, on me plaçait au plus près les gels douches, les gants de toilette pour m'éviter des gestes inutiles. Je m'essuyais le torse, un peu les cheveux… Quand j'avais terminé, je sonnais pour que l'on m'habille.

Deux fois, on m'avait également proposé de prendre la douche toujours seul, non plus assis mais allongé nu sur un brancard en plastique. Une catastrophe. Avec la pomme, j'arrosais toute la pièce. Attraper le gel douche m'avait été impossible. L'expérience n'avait pas été poursuivie.

Se retrouver ainsi est psychologiquement insoutenable, incompréhensible. Au début, conservant l'espoir de guérir, je n'y songeais pas. Les jours s'écoulant, j'abdique, je me résous : mon état est très grave, quasi désespéré vu les interrogations du corps médical. La peur est indescriptible. L'homme que j'étais il y a encore deux mois n'est plus là. Où est-il ?

Ma mémoire, ma conscience sont intactes. J'ai déjà perdu beaucoup. Ma vie est un cauchemar. Je ne peux presque plus rien faire. Mon désordre est total. Ma tête n'est qu'un poids. Un énorme poids.

Après la douche, je me lave les dents seul, après que l'on m'a appliqué le dentifrice sur la brosse électrique qu'Audrey a achetée. Je me concentre mais cela m'est impossible. La pâte tombe dans le lavabo. Je me brosse le nez, parfois les yeux. J'ai à peine la force de soulever cette satanée brosse. Je me nettoie comme je peux. Je suis à bout. Maladroitement, j'attrape la sonnette, mon sésame. Alertés, les aides-soignants prennent le relai. On me rase, on me peigne.

J'essaie de me voir dans le miroir qui est juste en face de moi. Ou plutôt de me distinguer. Certes, je ne suis pas aveugle. Mais ce que j'entrevois – c'est le mot – n'est qu'une vague forme bizarre, difforme. Mon visage est également bouffi par les médicaments que l'on m'administre. Chaque semaine, je prends un, deux kilos. Plus tard lorsque je quitterai le CHU, la balance affichera douze kilos supplémentaires !

Je grossis, grossis. Incapable de discerner ma tête dans le miroir, je le constate le matin lorsque l'on m'enfile mon pantalon.

Cependant, il faut songer à regagner la chambre. Je patiente parfois longtemps, mon regard fixé sur le siphon du lavabo. Dans le néant. Je manque parfois de tomber lorsque l'aide-soignante tarde à revenir me chercher. Le retour est tout aussi périlleux. Je suis exténué. Cramponné au personnel, j'avance très doucement vers le lit ou le fauteuil.

Je ne sais pas où je trouve les ressources pour faire ces quelques pas. La facilité serait de demander que l'on me remette directement au lit. C'est parfois le cas mais pas toujours. Je veux garder un minimum de dignité, montrer (et me montrer) tant que c'est encore possible que tout n'est pas foutu.

On m'installe dans le fauteuil rouge. Je vérifie que les quelques affaires qui me raccrochent à la vie, le téléphone, la sonnette…, soient proches. Assis, mon désespoir galope. La peur me ronge. Les gestes les plus faciles, les plus anodins m'éreintent. Bouger la tête, me redresser un peu m'est impossible. Incapable de réfléchir, je suis ailleurs, vidé. Je n'existe plus. Sortant parfois de ma torpeur, je me risque à jeter un coup d'œil par la fenêtre. Je distingue à peine le clocher d'une église voisine. Il tremble, se dédouble comme aux prises avec une violente tempête. Je me décourage. Pourquoi insister ?

Souvent on me pose un cache sur un œil, en général le droit, celui qui en a le plus besoin, pour éviter de voir en double et apaiser – soi-disant – les maux de têtes. Une compresse et du sparadrap font en principe l'affaire. Laquelle colle souvent mal à la peau. Et lorsque le cache tombe, c'est un supplice supplémentaire. D'autant que je ne suis pas soulagé et que je ne ressens aucun effet bénéfique. Bientôt, j'y renonce.

Fréquemment, on m'attache un poids au poignet droit afin que ma main et mon bras que je ne contrôle plus du tout, ne s'emportent. Me voilà scotché, maintenu. Je suis comme un appareil hors d'usage que l'on s'efforce de maintenir en activité le plus longtemps possible. Ce poids est censé diminuer les mouvements brusques qui parfois dépassent l'entendement. Je le garde aussi certaines nuits, car m'endormir avec une main qui ne cesse de trembler m'est impossible. Comme le cache œil, il ne m'est d'aucun secours.

J'en suis d'autant plus persuadé que je me teste. J'essaie de bloquer ma main entre les jambes. En vain ! Inévitablement, elle reprend le dessus, le commandement des opérations ! Elle se balade à guise de droite à gauche. Elle me gifle de temps en temps. Je finis par souhaiter que l'on m'ampute tant cette impression est insupportable. Ma jambe droite tremble aussi énormément. La nuit, trouver une position adéquate et le sommeil dans ces conditions relèvent de l'impossible. Les somnifères et les anxiolytiques que j'avale à des doses relativement importantes, avant de me coucher, ont des effets limités. Très limités.

*

* *

En fin de matinée, une demi-heure avant le déjeuner l'infirmière dépose mes médicaments sur la tablette. Son passage fait partie du rituel. Je l'attends avec impatience tant je souffre sur le fauteuil où je suis assis depuis le retour de la toilette. Certes, c'est à ma demande, pour conserver encore ce minimum de fierté qui porte mon quotidien, mais je n'en peux plus. Ma tête manque de basculer à tout moment. La position est insoutenable.

Guettant le menu du jour, je suis angoissé : y aura-t-il quelqu'un de disponible pour me donner à manger ? J'ai besoin d'être aidé à 100 %. Dans le service, nous sommes quatre ou cinq patients dans ce cas. Les aides-soignants doivent s'organiser. J'ai la terreur d'être oublié, de me retrouver seul face à mon assiette, incapable d'attraper correctement la fourchette ou la cuillère.

« Il y a quelqu'un pour moi ? » C'est la question que je pose, le plateau à peine déposé. Si c'est le cas, je suis infiniment soulagé. Je m'applique d'autant plus. J'avance la tête du mieux possible, j'ouvre la bouche. Chaque bouchée ainsi "ingurgitée" est une victoire. Parfois, le personnel s'inquiète : *« Vous ne faites pas fausse route ? »* Non, jamais. J'ai une chance dans mon malheur : je n'avale pas de travers.

Malheureusement, le personnel est parfois en surchauffe. *« J'en ai pour une seconde et je reviens »*, me lâche l'aide-soignante. Souvent, j'attends, j'attends et je suis obligé de finir seul. J'essaie de me débrouiller. Une catastrophe ! Ma cuillère ergonomique tremble. Nouilles et morceaux de jambon jonchent le sol. Je ne suis plus qu'un enfant de deux ans livré à lui-même. J'ai faim et je n'avale rien. Avec en prime cette sentence à l'humour humiliant lorsque elle récupère le plateau : *« Alors, on a fait du propre ! »* Je n'ai qu'une envie : que l'on me remette au lit et que l'on me laisse seul. Je dois dormir.

La plupart des aides-soignantes sont prévenants. Quelques-uns le sont nettement moins. Pour elles, je ne suis qu'un simple malade qu'il faut "gaver" deux ou trois fois par jour. Une corvée ingrate dont il se débarrasse au plus vite avant de passer au suivant. Lorsqu'ils sont deux, leurs conversation altèrent parfois encore mon humeur.

Je ne suis qu'un objet à qui elles ne prêtent aucune attention. Généralement, ces personnes ne sont pas directement attachées au service. Elles n'y travaillent que temporairement. Sans-doute, se sentent-elles moins redevables vis-à-vis des patients au long cours comme moi. Elles parlent dates de vacances, sorties du week-end et critiquent les collègues. Je n'ai d'autre choix que d'écouter cette mascarade.

Un dimanche de janvier, c'est même une titulaire du service qui m'oublie ! Elle me laisse en plan, le plateau sous le nez. Elle ne méconnaît pourtant pas mon état. Tant pis, je commence sans elle, ou plutôt j'essaie. Trois ou quatre tentatives vouées à l'échec.

La sonnette étant inaccessible, j'appelle, j'appelle… Inutile, quasiment plus aucun mot ne sort correctement de ma bouche. Alors, je crie. Je puise dans mes dernières forces pour me faire entendre. Mais en vain. Ce manège infernal se prolonge une vingtaine de minutes.

Lorsqu'elle réapparaît enfin, je ne peux plus lui parler, tant j'ai sollicité ma voix. Impuissant, je lui indique mon plat, lui faisant comprendre que je réclame de l'aide, un peu d'aide. Rien de plus. Elle consent à couper quelques morceaux de la tartelette et quitte aussitôt la chambre. Je reste figé, apeuré. Les larmes m'envahissent.

Je n'en veux même pas à cet agent. Non, je m'en veux d'être comme cela, d'être devenu un légume. Sans son intervention, je ne suis plus rien. Ce dimanche, je n'ai rien mangé. Pas de tarte, ni d'entrée, ni de plat de résistance.

Après le repas, reposer ma tête sur le dossier et reprendre ma respiration me soulagent un peu. Ma tête a tellement été sollicitée pendant le déjeuner qu'elle n'est plus qu'un bloc de béton. Elle pèse une tonne. Le personnel me recouche. Un moment de bonheur. Je retrouve enfin une position plus convenable, moins douloureuse pour un corps qui a perdu toute élasticité. Allongé, vertiges et tremblements demeurent mais je souffre moins.

Une fois, les aides-soignants ne revenant pas, je perds patience et essaie seul d'atteindre mon lit. Erreur. Trop fatigué, je tombe à terre. Heureusement, sans casse. Pourtant, il me semble avoir pris un maximum de précautions, rapprochant notamment au plus près mon fauteuil du lit. J'ai ensuite essayé de passer de l'un à l'autre. Échec sur toute la ligne. Je ne suis plus qu'un mauvais trapéziste au sol.

Un bon quart d'heure s'écoule avant que l'on me relève. Je suis là, étalé entre mon lit et mon fauteuil, incapable de bouger, ni même de prendre appui sur mes bras et de glisser sur mes fesses. Je ne sais pas ce qui se passe dans ma tête. Je regarde le sol qui n'arrête pas de tournoyer et j'attends. J'erre sur un bateau en pleine dérive sur un océan déchaîné. Résigné, je n'ai même plus la faculté de penser. Plus rien ne m'importe. Je suis aspiré dans les abysses.

Quelques jours plus tard, je renouvelle la tentative. Nouvel échec. Cette fois, je ne chute pas. L'épilogue est si je puis dire, plus cocasse. Je me retrouve perpendiculaire au lit, incapable de faire le moindre mouvement… En me découvrant, les aides-soignantes sont étonnées. Sympas, elles me sermonnent gentiment avant de me recoucher. Je n'ai jamais recommencé.

En début d'après-midi, allongé ainsi sur mon lit, la sieste n'est pourtant pas agréable. Le sommeil ne me gagne pas. Épuisé, je suis même incapable de penser. Je ne suis plus qu'une bête affaiblie, quasiment agonisante.

C'est déjà l'heure des visites. Comme chaque après-midi, un proche s'annonce. Quand il entre, mes paupières restent closes, je ne parviens pas à tourner la tête. Je somnole. Je l'entends qui me salue mais il me faut encore plusieurs minutes pour ouvrir les yeux. Je suis heureux de découvrir qui, cet après-midi, est à mes côtés.

Audrey planifie avec efficacité les visites. Pendant toute mon hospitalisation, je ne reste seul aucun après-midi ! Merci Audrey. Famille, amis, belle-famille se relaient dans un formidable élan de solidarité. Audrey fait en sorte qu'il n'y ait pas trop de monde en même temps.

Mouvements et bruits me fatiguent trop. Lorsque c'est le cas, j'évite de le montrer. Je prends sur moi. En effet, converser trop longtemps exige désormais beaucoup de concentration. Mais je suis preneur de ces visites. Sensible à l'attention qu'ainsi tous me portent. Pour le moral, c'est bon et rassurant. Le corps médical les encourage.

Voir des proches me fait une drôle d'impression. Je ne suis plus du tout le trentenaire en pleine forme qu'elles connaissaient encore au début de l'automne. Je ne suis plus qu'un grabataire, qu'un handicapé, j'écoute sans attention ce qu'ils me racontent. Sans doute s'en aperçoivent-ils, mais par pudeur, ils ne m'en font pas la remarque.

Les sujets de conversation s'avèrent parfois difficiles à trouver. Sur mon lit de douleur, j'en redoute certains. Je les exacerbe même. Comme les sorties du week-end, les projets de vacances… Normal non ? Et lorsque je les interroge à ce propos, c'est pour tenter de montrer maladroitement que je suis comme avant, que je n'ai pas renoncé à ce que tout redevienne comme en octobre, à ce que ma vie ne reprenne son long fleuve tranquille. Pas dupes, parents et proches ne s'attardent d'ailleurs pas trop sur mon état. Ils comprennent que je touche le fond. L'inconcevable.

Parfois, je suis tellement dans "le gaz", ailleurs, que j'interprète mal leurs propos. Et lorsque je me retrouve en tête à tête avec Audrey, j'explose, je m'emporte. Lui assène que selon moi mes visiteurs de l'après-midi se comportent mal, se moquent de ma santé. Audrey s'efforce de me calmer. De m'expliquer le plus délicatement possible que dehors, en Mayenne, à Châteaubriant, à la ferme, la vie continue, que je suis provisoirement à l'écart de ce monde. Comment empêcher mes proches d'évoquer leurs projets, leur quotidien en ma présence ? Parfois, ma colère ne retombe pas. Je me conduis mal avec Audrey.

Un sourire furtif accueille le visiteur lorsqu'il entre dans ma chambre. Un sourire de façade. Il n'efface pas ma peur et ma souffrance. Mes proches le savent. Seuls ceux que je fréquente moins tombent parfois dans le panneau… Pas longtemps. Rapidement, ils saisissent combien ce signe d'assurance n'est qu'un très mauvais leurre. Il n'est que fiction. Je réponds brièvement à leurs questions d'usage.

« *On fait aller* », devient ma réplique conventionnelle si je puis dire. Je ne souhaite pas m'étendre, renouant avec l'attitude adoptée lors de ma première hospitalisation en novembre. À l'époque – pas si lointaine pourtant – je n'ai pas voulu montrer la faiblesse incompréhensible qui m'emportait déjà ; me contentant d'expliquer qu'il s'agissait sans doute d'un mauvais (mais ponctuel) passage de ma vie, que j'allais très bientôt me relever.

De plus, comme il n'y a pas de mots à mettre sur ma maladie, la difficulté de commenter mon mal est encore plus ardue. Pour les gens, il est des noms qui influencent leur raisonnement, qui les renvoient immédiatement à une image néfaste et parlante. C'est le cas de "cancer". Si l'on avait posé ce diagnostic sur ma maladie, les gens auraient interprété d'eux-mêmes, se gardant bien de me réclamer des informations.

Alors en ces premiers jours de janvier, non seulement j'ignore complètement la raison de mes maux (et pour cause !), en plus je m'efforce d'argumenter des explications… que les médecins ne sont pas en mesure de m'apporter.

Tout le monde est dans le flou. Spécialistes, famille, amis, moi… Au stade de la maladie, il m'est impossible de l'identifier, de la nommer. Si c'était l'inverse, je la vivrais autrement et je la ferais vivre différemment aux miens ; à ceux, proches ou pas, qui sont à mes côtés chaque après-midi. J'en suis persuadé. Désormais, je ne peux plus leur mentir, me cacher derrière une apparence sereine comme après ma première hospitalisation. Leur affirmer qu'il y a du mieux n'est plus d'actualité. Cette époque est terminée. Ils ne reconnaissaient plus l'homme que j'étais. Cette vérité est devant leurs yeux.

Pourtant, certains s'évertuent à entretenir ce qui reste d'optimisme. Ils pensent percevoir quelques améliorations d'une visite à l'autre. Et me le répètent. Améliorations : ce mot m'agace prodigieusement. Où les dénichent-ils ces fameuses… améliorations ? Ce n'est que chimères, vœux pieux.

Sans doute, se refusent-ils à admettre l'inconcevable, à accepter ce tsunami qui s'est abattu sur ma tête. Ils ne songent pas un instant que je suis désormais incapable d'aller aux toilettes seul, de m'asseoir sur la cuvette, de me déculotter, de m'essuyer, de me relever et de remonter le pantalon. Comment ne pas se sentir déclassé, dégradé lorsqu'on est confronté à cela au quotidien ?

Pour meubler le silence et éviter les sujets qui fâchent ou attristent, la météo est un thème parfait. Cela ne me déplait pas d'ailleurs. Ne distinguant rien, le temps du jour n'est plus une préoccupation. Le soleil est flou, les nuages dansent, la pluie est invisible, la couleur du ciel opaque. Pourtant, la fenêtre offre une vue dégagée sur la ville. Parait-il !

Quand nous avons construit à la campagne, à trois cents mètres de la ferme de ma belle-famille, ce ciel je ne l'ai jamais autant regardé. Chaque soir, après mon travail, il avait nouvelle allure. Ses couleurs, ses formes, sa silhouette étaient si belles, que je ne cessais de le contempler. Surtout les soirs de cet été 2011, le premier qui a suivi notre installation. Jusqu'alors je ne m'en étais jamais rendu compte ; comme la plupart d'entre nous, j'en suis sûr.

Un matin, il neige. Audrey m'apporte quelques clichés de notre maison recouverte sous les flocons. Je suis heureux mais je ne discerne rien. Tout est blanc, encore blanc. En me concentrant, je finis par distinguer notre maison. Je les lui rends tant cela m'a épuisé.

Décidemment en ce mois de janvier, effondré dans ma chambre d'hôpital, je ne devine pas le ciel, qu'il soit ensoleillé ou plombé, ni ne sens l'odeur de la nature. Je ne vois et ne sens que mon désarroi. Uniquement mon désarroi.

Les après-midi se prolongent ainsi à parler de tout et de rien, de la pluie et du beau temps. Mes visiteurs s'impatientent. Comment leur en vouloir ? L'atmosphère est pesante, l'air vicié. Ils ont envie d'abandonner cet univers clos et morbide.

Nous allons prendre un café avec des gâteaux qu'ils m'ont apportés dans le "salon" du service neurologique situé au sein de la seconde unité. Des chaises, deux ou trois tables et une télévision meublent la pièce. Avant de quitter ma chambre, je n'ai pas omis d'emporter une grande serviette pour rester propre autant que possible. Les proches m'aident à boire et à manger.

Abuser des gâteaux ne m'est pas recommandé en raison des médicaments qui me sont prescrits depuis plus de deux mois. Mais j'ai tellement d'appétit que je ne suis pas raisonnable. Même si j'essuie de mes voisins quelques remarques, reflets de leur inquiétude.

Je me place toujours près de la fenêtre. Avec l'espoir d'apercevoir quelque chose. Effort vain, inutile. Du coup, souvent je fonds en larmes devant mes parents notamment. Évacuant ainsi mon désespoir, je leur confie combien je suis désolé d'être devenu ainsi. Je leur avoue ma peur, ma très grande peur.

Au bout de quelques semaines, je renonce à me rendre dans ce salon. La faute à une fatigue croissante et aux bourdonnements qui résonnent dans ma tête. L'ambiance est assourdissante, les tables voisines sont bruyantes, je n'entends plus pareil de l'oreille droite ou gauche, le son de la télé, même vague, m'est insupportable. J'ai constamment des acouphènes, ce qui concourt à rendre encore plus étrange ce monde qui n'est plus le mien. Un monde ailleurs, extérieur dont je m'éloigne de plus en plus.

Amis et parents me reconduisent dans la chambre. La plupart des fois, je n'en suis pas désolé. Il est 17 heures et j'ai tant envie de dormir, tant besoin de me reposer avant le dîner.

Une heure trente de répit au cours de laquelle je sombre, submergé par les doutes, les questions, la colère, le désespoir. Je suis seul sauf – et c'est heureusement souvent le cas – lorsque mes visiteurs du jour sont de la famille. Audrey, mes parents ou mes beaux-parents attendent systématiquement que mon dîner soit servi. Un autre combat après ceux livrés pour faire la toilette et à l'heure du déjeuner. J'ai tant besoin de soutien. Le personnel n'est pas toujours dispo. Alors "ils s'y collent".

Au fil des semaines, ce rendez-vous avec mon plateau repas du soir devient pour eux un rituel quasi obligatoire. Tous y prennent part. Une mobilisation précieuse.

L'humiliation de ne pouvoir dîner seul passe au second plan. Je suis en confiance, j'en oublie le regard des autres. Parfois, une plaisanterie m'échappe : « *Cela ne se fait pas, mais je mange devant vous.* » Bien sûr, personne ne sourit. Sauf moi et en mon fort intérieur. Ce bon mot est destiné à leur dire : « *Voyez ce que je suis devenu.* »

Ironiquement, méchamment dirais-je avec le recul, je prends la fâcheuse manie d'interpeller Audrey lorsque c'est son tour de me tendre cuillère et fourchette : « *Je suis redevenu un bébé, il va falloir que tu t'y habitues.* » Elle préfère alors ne pas relever. Ma colère ne retombe pas. Bien au contraire tant j'ai besoin de crier à l'injustice, de passer sur quelqu'un cette ire qui m'habite de plus en plus. J'en arrive à l'apostropher sans discernement aucun : « *C'est cela que tu veux ?* » Audrey ne peut que m'opposer un silence désemparé et anxieux.

Ce dîner impossible est précédé d'une autre contrainte redoutable. Comment m'approcher au plus près de la table à roulettes. Laquelle ne s'enclenche pas sur mon fauteuil. Pourquoi ? Six ans après, je n'ai toujours pas l'explication ! Ce détail, au demeurant infime, m'exaspère, me sort par les yeux. Pour le service neurologique, ce n'est pas un problème. Le personnel essaie en vain d'améliorer mon installation. Ma famille ne réussit pas mieux. C'est incompréhensible.

Je m'interroge dubitatif : je ne suis sans doute pas le premier à être confronté à ce souci, à ce défaut de réglage… À croire que si. Mon fauteuil ou la table doivent être différents. Je suis le seul à disposer d'une table qui ne passe pas au-dessus du fauteuil et on ne me la change pas. Rageant ! Alors chacun s'escrime et s'obstine à la faire pivoter le plus près possible de mon corps. Un tel acharnement m'épuise d'autant qu'il n'y a pas de solution.

Je n'ai pas besoin de cela.

Quelque temps plus tard, l'administration finit par me trouver une tablette qui résout en partie le problème. Cette fois, j'ai l'impression d'être dans une chaise haute pour bébé ! Mais c'est mieux. Ma tête est mieux calée et mon plateau est au plus près.

Comme pour le déjeuner, mes proches me coupent tout en petits morceaux, j'ouvre la bouche et je mange. Le dîner se prolonge une trentaine de minutes. Je suis extrêmement concentré. Chacun des mouvements de ma bouche est calculé au millimètre. Je ne reprends vraiment mon souffle que deux ou trois fois par repas. Il le faut pourtant, car je puise au fond de mes ressources. On m'encourage en soulignant que j'ai bon appétit, que je mange rapidement. C'est effectivement le cas : je veux être au plus vite débarrassé de cette corvée et ne pas retenir mes proches. Je les sollicite bien assez. Ils ont plus d'une heure de trajet pour rentrer chez eux, souvent par nuit noire.

Le dîner achevé, j'ai besoin de récupérer. Mon souffle est si fort qu'il me faut plusieurs minutes pour le reprendre. Mon cœur va-t-il tenir encore longtemps ? Je m'en inquiète. Il est déjà temps de m'accompagner aux toilettes, dernière étape de ce parcours du combattant quotidien qui se prolonge depuis plus de douze heures. C'est souvent ma femme ou mes frères qui se dévouent pour cette corvée désagréable. Je me tiens à leurs épaules, avance très, très doucement tant l'instabilité m'est pénalisante.

Sur place, on me guide de la voix pour que je m'asseye correctement. Préalablement, on m'a baissé le pantalon et le caleçon. Je me cramponne aux barres installées de part et d'autre du WC. J'appelle quand j'ai terminé et rebelote ! Dure, cruelle et humiliante réalité. Mais, je n'ai pas le choix.

Accepter de l'aide, c'est aussi accepter l'humiliation et y laisser ce qui me reste de dignité. Après quoi, c'est un pantin désarticulé que l'on couche dans un lit. Mon corps est guidé par les autres. Je suis comme une tortue sur le dos qui ne peut plus se mouvoir. Je suis assis, retenu pour ne pas chuter de l'autre côté du lit, puis redressé et enfin recouvert de mes draps.

Avant de nous séparer, je demande que l'on mette mes affaires au plus près de moi, celles dont j'aurai forcément besoin pendant la nuit et dès le lendemain au réveil : la sonnette, les barres de mon lit et le téléphone. Mes chaussons sont systématiquement positionnés à la gauche de mon lit. Ainsi, le personnel de nuit n'aura pas à les chercher quand ils devront m'emmener aux toilettes.

Moins précautionneuses, des aides-soignantes me proposent d'utiliser un urinoir, cela leur évite un déplacement. La facilité pour elles comme pour moi. Mais je n'y tiens pas. Un soupçon de fierté sans doute… Il y a ainsi énormément de détails auxquels j'attache une importance capitale. Il ne faut pas qu'un grain de sable n'enraye la machine. J'en suis réduit à penser à des banalités le soir pour ne pas connaître de mauvaises surprises le lendemain.

Il est tout juste 19 heures et je suis déjà fin prêt pour la nuit. L'infirmière passe me faire la piqûre dans le bas du ventre pour éviter les phlébites. Après quoi, je pleure et je m'endors. Certains soirs, c'est impossible tant je souffre. Aux vertiges, tremblements et maux de tête, s'ajoute mon délabrement psychologique. Je ne veux plus connaître une nouvelle journée de calvaire. Ni même me réveiller.

Et puis ça passe. J'évite encore une fois ce laisser-aller mortel. Heureusement. Sinon je ne serais plus de ce monde aujourd'hui. Je ne sais comment auraient réagi des personnes confrontées à pareille détresse. Je choisis de ne rien lâcher en gardant bien à l'esprit les images de ma vie d'avant. C'est ce qui me permet alors de ne pas sombrer dans l'inévitable.

*

* *

Audrey et moi basculons ainsi dans deux mondes différents. Nous sommes proches mais aussi face à face. Je suis rentré dans le cercle infernal de la maladie. Audrey affronte de plein fouet cette vision horrible : voir son propre mari devenir un "autre" homme, très loin de celui qu'elle a rencontré et toujours connu. Elle en prend plein la figure. Mais elle est très, très forte. Pugnace, elle supporte mon irritabilité plus que de raison.

Désormais, je suis chaque soir en colère. Je n'accepte plus de souffrir ainsi. Au téléphone, j'extériorise mon courroux. J'ai si peur du lendemain, de l'avenir, si peur pour moi, pour elle, pour nous deux. Je finis par dire n'importe quoi. Des choses qui ne me ressemblent pas. Je délire lui reprochant de me laisser là, dans cette situation.

Mon élocution étant très mauvaise, sa détresse redouble. Elle est terrorisée et je ne le perçois pas. Au bout de quelques minutes, c'en est trop pour elle. Souvent, elle raccroche, tellement mes mots sont durs et inadmissibles.

Je lui balance que la fin est proche, qu'elle doit se préparer au pire, que plus jamais je ne reverrai notre maison. Je hurle, j'éructe. Et Audrey doit le supporter. Elle ne mérite pas cela.

Apparus dans les premiers jours de janvier, ces mouvements d'humeur ont une explication. Je m'enfonce petit à petit comme quelqu'un qui serait dans un trou et que l'on recouvrirait de terre. Avant d'être carrément enseveli, j'ai la force de crier “arrêtez”. Et je m'emporte de façon démesurée, qui plus est envers ma femme.

Elle découvre une part de mon caractère, que moi-même j'ignorais. Ce n'est plus moi. Je ne suis pas non plus d'une humeur irréprochable envers mes parents et mes frères. Mais mes craintes s'expriment ainsi avant tout auprès d'Audrey. Réagir ainsi est ignoble, inacceptable. Je redoute de me perdre. Seule cette perspective insoutenable occupe mon esprit lorsque je suis allongé sur mon lit de malheur. Je ne suis plus qu'un homme qui va mourir si rien n'est fait.

Et dans tout ça, j'ai l'impression que rien n'est fait autour de moi. On vient me voir, me dire comment ça va, me parler de la pluie et du beau temps. Rien de plus. Alors le soir, au moment du départ ou au téléphone, je n'en peux plus.

Je ne cesse de répéter à Audrey que si rien n'est fait je vais sortir du CHU les deux pieds devant. Ces agressions verbales envers Audrey se déroulent parfois en présence de ma famille et sa famille. Peu importe de toute façon, il faut que j'explose.

Parfois, lorsque nous sommes tous les deux dans la chambre, nous avons encore des conversations normales. Elle parle car moi je ne dis plus grand-chose. Je reste impassible, plongé dans mes pensées, dans le néant, le vide. Je réagis seulement par des mouvements de tête ; la journée ayant été tellement éprouvante. J'ai le sentiment qu'Audrey n'a pas conscience de mon état. Cela me met hors de moi. Bien sûr, je me trompe.

Tout autant malheureuse que moi, elle conserve sa détresse au plus profond d'elle-même. Pour ne pas en rajouter, pour ne pas me désespérer un peu plus. Affichant son optimisme, elle refuse à se résoudre au pire, continue à me parler d'avenir…

Audrey n'est pas du genre à extérioriser son mal-être. C'est tout à son honneur. Mais à vingt-cinq ans, elle subit une épreuve d'une violence inimaginable. Et j'ai cette attitude inqualifiable ! Hospitalisé, au plus bas, souffrant le martyr, je ne suis que de loin l'évolution de la grossesse d'Audrey. Elle souhaite que même dans ces conditions je puisse jouer un rôle, aussi infime qu'il soit. Elle achète un guide des prénoms afin que l'on choisisse ensemble.

Cette initiative me fait, paradoxalement, un mal infini. Ouvrant le livre, je prends soudainement conscience que je ne déchiffre aucun des prénoms, ni aucun des textes explicatifs qui les accompagnent. Les mots flottent. Pourtant, je lui montre maladroitement que je suis avec elle, que je m'y intéresse. Je n'ai même pas la force de lui dire que tel prénom me convient, que celui-ci surtout pas… Une conversation banale de futurs parents en somme. Je suis devant ce livre et je n'ai qu'une envie : le balancer et arrêter cette mascarade insoutenable. À bout, je me lâche : « *Tu te rends compte que je ne pourrai pas faire une seule chose de ce que tu me dis, c'est fini.* » Je suis désespérant. Audrey ne se décourage pas. Elle me rassure en me disant qu'un jour je jouerai dans le jardin avec mon enfant et que le soleil brillera. Je n'y crois pas une seule seconde. Plus elle insiste, plus je deviens méchant.

Je n'ai pas non plus conscience de la solitude de son quotidien dans notre maison. Je n'ai pas idée de son désarroi, de ses larmes seule dans notre lit, de ses incertitudes, de ses interminables soirées à ruminer je ne sais quoi.

Je lui fais du mal parce que je l'aime de trop et que notre bonheur va s'arrêter là. De plus, elle supporte cette souffrance à deux. Elle porte notre futur bébé. Cette grossesse qu'elle gère seule ne peut qu'accentuer son angoisse. Je ne la suis d'aucun soutien.

Et elle accouche dans moins de six mois.

*

* *

Au cours de cette période, je rencontre des personnes du monde médical insensibles à mon état, totalement indifférentes. Certes, je suis un patient comme les autres, je demande juste un peu d'humanité. Or, ces personnes ont la fâcheuse habitude d'entendre ce qu'elles veulent. Ce qu'on raconte ne les intéresse pas. J'ai parfois l'impression de me battre contre un mur. Renonçant, je les laisse dire. À force, je craque, et certainement pas de la bonne façon.

Mon entourage en subit les conséquences. Trop seul face à mon problème, j'abandonne. Je n'ai plus le mental ni la mesure pour être cohérent dans mes propos. Chaque jour, est un éternel recommencement. Mes peines se voient de plus en plus. Mon impuissance à pouvoir me gérer fait de moi un pantin. Je m'enfonce.

Cette fin d'année et ce mois de janvier 2012 sont terribles. Chaque journée apporte son lot de mauvaises surprises. J'en oublie même le réveillon du 31. C'est déjà si loin. Audrey s'efforce d'apporter un peu de gaieté dans mon quotidien d'enfer. Elle reste un peu plus longtemps, comme à Noël. C'est un petit rayon de soleil parmi les gros nuages qui redoublent. Mais ce soir-là, je n'ai plus envie d'être de la fête. Je n'en peux plus. Un réveillon gâché.

*

* *

Les corticoïdes ne me font toujours aucun effet. Je n'en suis pas surpris. Depuis le début de mon hospitalisation, je n'ai jamais eu confiance en ces médicaments et le corps médical se rend malheureusement compte que ceux-ci ne me font aucun bien. Il faut envisager autre chose.

On m'explique alors qu'une biopsie d'une partie de mon cervelet est envisageable. Je sais pertinemment que les nombreux examens réalisés n'ont rien donné de satisfaisant. Mon entourage me soutient pourtant le contraire. Pour lui, cette intervention n'est pas d'actualité. J'ai le pressentiment inverse. Je vais passer sur le billard. Au fond de moi, je sais déjà que je n'y échapperai pas. C'est comme déjà écrit.

Effectivement, les examens passés depuis mon admission avant Noël ne révèlent rien. Je subis notamment une ponction de la moelle osseuse dans le service hémophilie, (service maladie du sang) qui se trouve dans un autre bâtiment du CHU. N'étant pas en état de réfléchir, très fatigué, je prends conscience que l'on m'emmène dans ce service quand, allongé sur le brancard, j'aperçois le mot “hémophilie” !

Le service est proche mais j'effectue le trajet en ambulance. Cinq minutes suffisent. C'est mieux eu égard à mon état. Elles m'apparaissent interminables. À chaque secousse, je crains de basculer. J'ai l'impression que le sang se balade de droite à gauche dans ma tête, à chaque virage, accélération ou freinage. Le sang n'est plus qu'un flot grossissant en fonction des coups de volant de l'ambulancier. Infernal. Dans la salle d'opération, un docteur m'explique le processus. Ignorant la raison de ma présence, je n'y trouve rien à redire. Je ne sais même pas ce que l'on me fait, ni même l'endroit où l'on me pique. Très douloureuse, la ponction est réalisée en un quart d'heure environ, une éternité tellement j'ai mal. Un quart d'heure de trop.

À son issue, je souhaite qu'on me ramène au plus vite dans ma chambre, même si c'est un autre enfer qui m'attend. Cette ponction ne donne rien. Je l'apprends quelque temps après. Cela me conforte dans mon idée que je n'échapperai pas à la biopsie du cervelet. Je comprends que c'est la seule façon pour les médecins d'en savoir enfin plus, de mettre un nom sur le mal qui me ronge chaque jour un peu plus.

Un matin, ils m'annoncent effectivement que mon problème de santé étant extrêmement rare, une biopsie s'impose avant qu'il ne soit trop tard. Cette intervention étant délicate, ils me laissent le soin de trancher, tout en me précisant qu'il n'existe pas d'autres alternatives.

N'ayant pas le choix, je n'hésite pas une seconde. Soit je laisse faire les choses et c'est fini, soit je tente la biopsie du cervelet, qui peut "peut-être" apporter plus d'éléments. Il s'agit probablement de l'ultime option pour me sortir de là. Cette biopsie ne me guérira pas et présente des risques avérés. Je peux m'attendre éventuellement aux séquelles. Mais je n'ai pas d'autre solution.

Le neurologue me rassure. La biopsie sera pratiquée par le meilleur chirurgien du service. Lequel passe me voir dans ma chambre. Il m'explique calmement en quoi consiste l'opération. Comment il compte procéder. Mon élocution étant très approximative, je ne dis trop rien.

Mon état est si lamentable, le courage me manque pour en savoir plus.

4.
Biopsie du cervelet

En moins d'un mois, depuis mon hospitalisation au CHU, je suis devenu invalide. Un constat sans appel. Mon espoir réside dans la biopsie et son résultat. Elle se déroule le 16 janvier.

La veille, je suis transféré au service de neurochirurgie, en face de l'unité neurologique. À croire que j'y suis abonné : une fois encore m'est attribué la chambre au fond du couloir comme… la 254. Elle restera vacante jusqu'à mon retour ; dans six ou sept jours. Encouragements et quelques hochements de tête du personnel accompagnent mon départ.

Un interne, encore jamais rencontré, me réexplique ce qui sera entrepris le lendemain. Il me tend quelques papiers à remplir. En les signant, j'accepte que les conclusions de l'intervention soient exploitées à des fins médicales. C'est du moins ce que j'en retiens. Je ne m'y oppose pas.

Suis-je seulement en situation de comprendre ? Il m'est impossible de tenir un crayon, encore moins d'écrire. Audrey me tient la main pour que mon paraphe soit… à peu près lisible ; un coup de crayon incertain que, d'ailleurs, je ne visualise pas.

Cette soirée m'est très douloureuse. Je ne peux quasiment plus rien faire, mon instabilité s'est encore accentuée. J'en veux au monde entier. Pourquoi suis-je là ? Pourquoi subir une biopsie au niveau du cervelet ? L'homme que j'étais encore fin octobre n'existe plus. Mon irritation est extrême. Audrey en prend plein… la poire.

Je suis complètement perdu. Ce n'est pas tant l'intervention du lendemain qui m'angoisse que l'aggravation de ma maladie. J'ai crié haut et fort depuis mon admission au CHU pour que quelque chose soit fait dans l'urgence. Et ce soir, j'ai l'impression d'en être arrivé là parce que ce désespoir n'a pas été écouté plus tôt. Qu'y peut Audrey ? Je la traumatise en la rendant injustement coupable de ma détresse. Ce n'est pas la première, ni la dernière fois.

Mes parents, mon frère Tanguy, l'oncle et les deux tantes d'Audrey sont témoins de mon emportement. Ils sont impuissants à me calmer. Une de ses tantes prend l'initiative de me donner à manger. Elle a compris : tant que j'avale, je ne parle, ni n'explose de colère.

Effectivement, je m'enferme dans le silence jusqu'à leur départ vers 19 heures 45. Lorsqu'elle quitte la chambre, Audrey n'est pas sereine. Je le devine comme j'entends ses sanglots. Moi aussi, je pleure.

Déjà, je regrette cet excès et de ne pas lui avoir répété de ne pas s'inquiéter. Il faut que je la joigne à son retour chez nous dans une heure. Comment faire ? Le téléphone est inaccessible, appuyer sur les touches impossible. Heureusement, ce soir-là, l'aide-soignante fait preuve d'une extrême gentillesse.

Sans doute mesure-t-elle combien mes propos envers Audrey et le pitoyable spectacle que je lui ai offert n'ont pas de sens. Je dois m'en expliquer rapidement. Composant le numéro, elle pose le combiné près de mon oreille. Audrey ne répond pas.

C'est déjà l'heure de prendre ma douche avec son assistance. Intégrée dans la chambre, la pièce est agréable et grande. Nous en profitons pour discuter. Je ne suis pas certain qu'elle saisisse tous mes propos tant mon élocution est mauvaise. Mais au ton de ses réponses, je constate qu'elle est sensible à mon état ; surtout à mon âge.

Alors, me ramenant à mon lit, sans se départir de son sourire, elle recommence, refait le numéro et quitte la chambre par discrétion. Elle aussi souhaite ardemment que je parle à Audrey. Son soutien est un réconfort inattendu.

Cette fois, Audrey décroche. Comme je peux, je m'efforce de lui montrer de moi une autre facette ; celle de l'homme qui la rendait heureuse il y a encore peu. Paniqués, nous nous réconfortons comme nous pouvons. La peur fait parfois tenir des propos très éloignés de votre personnalité. Mon sommeil est agité. Je ne me fais pas d'illusion : l'intervention peut aboutir à aucun diagnostic précis.

L'avenir sera alors identique à l'enfer que je vis actuellement.

*

*   *

Dès mon réveil, je suis rassuré. L'aide-soignante est celle de la veille. Décidément très prévenante, elle me propose, après la douche obligatoire, d'appeler Audrey avant que je parte au bloc. Son initiative me déstresse.

Audrey est déjà à l'étable ; c'est l'heure de la traite. Je m'efforce de parler calmement, de ne pas être désagréable comme la veille, de lui montrer combien je suis serein, de la réconforter. Il me faut dédramatiser la situation. Pourtant, aucun ciel bleu ne se dessine à l'horizon. Résigné, je ne cherche même plus un quelconque "coupable" à la situation. Il faut que j'accepte et que je me rassure.

Soudainement, je prends conscience que dans quelques minutes l'on va m'ouvrir l'arrière du crâne… Il est bientôt huit heures, ma porte est entr'ouverte. Un brancardier apostrophe une infirmière : « *C'est ce numéro* (celui de mon lit) *qu'il faut embarquer ?* » À son ton, je devine que je n'ai aucune valeur pour lui. Impression confirmée lorsqu'il s'approche. Totalement dépourvu de diplomatie, désobligeant, il me prend de haut. Je ne suis qu'un pion de plus à "transbahuter".

Si j'en avais la possibilité, je lui rappellerai les règles élémentaires d'humanité. Je demande juste un peu de dignité, un peu de réconfort, c'est tout. Peut-être n'a-t-il jamais vécu la souffrance que je supporte continuellement. Ou peut-être est-il c… tout simplement. Je penche pour la seconde option. Quel contraste entre ces deux agents hospitaliers ; l'un est hautain, l'autre compréhensive, serviable et humaine !

La suite me donne encore raison. Alors que le brancardier m'emmène au bloc, l'aide-soignante nous croise dans l'un des couloirs. Sans doute sait-elle mieux que quiconque à qui j'ai à faire. Aussitôt, elle se propose de remplacer cet "abruti". Jusqu'au box, elle me parle et me souhaite bonne chance m'assurant que tout se passera bien. Des mots attentionnés, un regard apaisant, un soutien simple qui me réconfortent. Pour elle, je ne suis pas qu'un numéro.

L'intervention dure trois-quarts d'heure. À mon réveil, j'ai très mal à la tête. Entendant parler autour de moi, je réclame de suite de la morphine pour calmer la douleur. Je suis d'abord surpris de ma réaction. En effet, j'ai vécu toute l'intervention comme dans un rêve. Comme habité par une sensation agréable que je n'ai pas vécue lors des opérations chirurgicales subies jusqu'alors. Pendant quarante-cinq minutes, ma pensée a délicieusement vagabondé : j'étais normal, je pouvais marcher, voir, agir comme avant. Je vivais tout simplement.

L'euphorie ne dure pas. Le retour à la réalité est brutal, sans concession. Cauchemardesque. Dès que j'ouvre la bouche, je comprends. Prononcer deux ou trois mots exige le même effort qu'auparavant. Et j'ai si mal. Si mal…

Il est prévu que je passe quelques jours au service des soins intensifs. Mais déjà, une infirmière interroge au téléphone : « *Où faut-il le mettre celui-ci ?* » "Mon cas" la contrarie. Lorsqu'elle découvre que je dois également subir un scanner, son agressivité verbale franchit un stade supplémentaire.

Et lorsque je lui précise avec mon élocution qu'il s'agit d'un examen des poumons, c'en est trop pour elle. Sans le moindre égard, me riant au nez, elle réplique que je me trompe. Épuisé, je ne peux que me taire. Pourtant, j'ai raison. Jamais, je n'oublierai son arrogance.

Cette infirmière est en partie responsable du service des soins intensifs. Par son attitude, elle fait immédiatement comprendre au patient que rien ne peut l'émouvoir. Lui demander un service, lui faire une remarque est hors de question. Je n'éprouve aucune sympathie pour elle. J'aimerais tant l'entendre dire : « *Alors, comment ça va Monsieur ?* » Mais ce n'est pas dans son registre.

Lorsqu'elle pénètre dans la pièce, elle s'en tient au strict minimum. Son unique préoccupation est de savoir si je parlais ainsi les jours précédents. Craint-elle que la biopsie m'ait rendue dysarthrique ? Ma réponse la soulage. Je vais quitter son service au plus vite.

Effectivement. En “soins intensifs” depuis seulement deux jours, cette infirmière profite de la venue d’Audrey pour lui montrer combien sa présence est capitale pour le fonctionnement du service.

À sa façon et sans m’en fournir la raison, elle m’ordonne de me lever pour vérifier si j’en ai (ou pas) la force. Son souhait est bien sûr de “m’expédier” illico en neurochirurgie. De se débarrasser de moi.

M’exécutant, je me lève difficilement, me cramponnant à Audrey. L’infirmière s’abstient d’intervenir. Ma tête est si lourde que je ne peux pas l’appuyer sur le dossier du fauteuil. Je souffre trop. Je dois me rallonger au plus vite. Audrey intervient sous le regard impassible de l’infirmière. Laquelle nous annonce alors que je change déjà de service. J’interroge Audrey du regard : non, je ne suis pas en état de quitter les “soins intensifs”. Incapable de manifester ma désapprobation tant je suis faible, je subis son dictat. Elle me fait comprendre que la décision ne lui appartient pas. Que de toute façon c’est comme ça. Cette perspective soudaine me terrorise. Je n’ai pas d’autre choix.

J’aurai voulu que l’on m’informe avec plus de doigté, avec plus de diplomatie. D’autant qu’Audrey est à mes côtés avec sa tante Monique et que cette infirmière feint de les ignorer. Elle les prend de haut. Soucieuse d’abord de montrer son importance, sa supériorité insolente, elle se montre désobligeante. L’aide-soignante avec laquelle je prends mon dernier repas avant le transfert est également étonnée. Cette décision, vu mon état, la surprend. Ce retour précipité en neurochirurgie m’affecte.

*

* *

La chambre de neurochirurgie peut accueillir deux patients. Cela me contrarie. Audrey m'indique néanmoins que le lit d'à côté n'est pas occupé. Ne pouvant bouger la tête, je suis incapable de le constater. Peu importe ! Je suis très en colère et le fais savoir malgré les efforts d'Audrey pour me calmer. Elle a sans doute raison. Quand elle et sa tante me quittent, je suis envahi par la frustration. Me faire à l'idée que l'on me laisse seul dans cette pièce, allongé avec un énorme pansement sur le crâne (paraît-il) qui cache une cicatrice de quinze centimètres, m'est insupportable.

Les jours suivants sont un calvaire. Les symptômes demeurent, mon mal de tête ne disparaît pas. Au contraire ! Dès que j'essaie de déplacer ma tête vers la droite ou la gauche, les vertiges reprennent avec une intensité démesurée. Je n'ai plus aucune force. Dans le lit, si je ne bouge plus c'est parce que mon corps en est totalement incapable. Je suis comme un forcené que l'on aurait attaché. Sauf qu'aucun lien ne me relie aux barreaux. S'il y a un lien, c'est… la tête. Elle ne me permet plus d'accomplir le moindre geste.

Dès le lendemain de mon arrivée dans ce service, j'ai du mal à ouvrir les yeux. La nuit a été atroce. « *Mais pourquoi ? Pourquoi en suis-je rendu là ? Pourquoi je ne peux plus rien faire ? À peine bouger ?* » : ces questions, les seules que je me pose, m'obsèdent.

Des interrogations furtives. Brèves. La souffrance m'empêche de penser plus. Mon cerveau est vide. Réfléchir signifie douleur. Parfois, je délire. Je raconte à Audrey que j'ai aperçu quelqu'un de nu sur le lit d'à côté. Je crois aussi deviner une petite ouverture sur la droite qui donne sur le couloir. Déconnecté de la réalité, je suis ailleurs, dans un autre monde. Je déteste cette chambre comme je me déteste.

Le personnel ne fait pas preuve d'une extrême

courtoisie. Je regrette d'autant plus l'aide-soignante qui s'est occupée de moi avant l'opération. Je n'ai pas la lucidité ni la force de me familiariser avec ces nouvelles têtes. Je me maudis sans pouvoir prononcer un mot.

La toilette se fait au lit. Des agents me lavent le torse, les jambes, les bras... Quand on me frotte le dos, je dois esquisser un mouvement sur la droite ou sur la gauche. Ils ignorent alors la violence des vertiges qui m'envahissent.

Craignant de perdre connaissance, je me cramponne aux barreaux du lit comme je m'accroche à la vie. Je fixe obstinément un point fictif, espérant ainsi ne pas basculer dans le néant. J'ai l'horrible impression que le sang se balade partout dans mon crâne.

Les aides-soignantes me brossent aussi les dents, plaçant un haricot juste devant afin que je puisse cracher. Je bave plus que je ne crache ; l'altération de mon cervelet ayant aussi attaqué la vigueur des muscles de la bouche.

À midi, je sollicite leur assistance pour manger. Comme auparavant. La peur et la honte m'habitent mais rester figé devant le plateau me hante encore plus. Alors je réclame. À raison. Je suis persuadé avec le recul que si je ne l'avais pas fait personne du service ne s'en serait soucié. Faute de temps et de personnel, cet accompagnement si naturel n'est pas systématique.

Comme d'autres, je dérange. On me donne à manger de façon intermittente. Je n'insiste guère ; cela ne sert à rien. Ici, le contact avec les malades n'existe pratiquement pas. Le personnel n'en est pas forcément responsable. Plus qu'ailleurs, je prends conscience que notre société exige toujours plus des personnels. Le corps médical n'échappe pas à cette évolution. Sur mon lit de douleur, je souffre de cette déshumanisation.

Des aides-soignantes m'ignorent totalement. Pendant que l'une me donne la "béquée" ; une autre s'installe sur le fond du lit pour entamer une discussion de comptoir. Parfois, l'on me tend la cuillère sans même me regarder. Je suis obligé de bouger ma tête, ce qui exige un énorme effort. Jamais, on ne m'interroge : « *Cela va trop vite ? Avez-vous encore faim ?* »

Souvent, on omet de me proposer un dessert, du pain, du beurre... Ce rythme infernal interdit toute discussion avec le malade, toute aide supplémentaire. J'imagine même que le temps maximum à consacrer par patient est fixé règlementairement. Je n'ai qu'une hâte : retrouver la 254.

Je suis surpris par ce comportement. Je n'ai certes aucune leçon de morale à donner. Très jeune, on m'a inculqué le respect, la politesse... Infirmier, il me semble que j'essaierais de mettre en pratique ces valeurs fondamentales. Je m'efforcerais de ne pas être indifférent et de ne pas transmettre mon amertume auprès de malades qui souffrent et qui n'en sont pas responsables.

Mes parents et Johan, le benjamin de mes trois frères, sont à mes côtés dès le premier après-midi. Leur présence est comme une lumière en enfer. À leur arrivée, j'éclate en sanglots. Une façon de les supplier de me sortir de là. Comme si eux seuls peuvent avoir la clé de l'issue ! Je les regarde comme jamais je ne l'ai fait auparavant.

Cramponné à la main de ma mère, je pleure en l'écoutant me répéter que ce cauchemar ne durera pas. Voir son fils dans cet état la tourmente énormément. Je suis soulagé qu'ils prolongent leur visite pour être à mes côtés pour le dîner. Du coup, l'aide-soignante consent à quelques efforts pour me "faire manger" correctement. Elle qui, quelques heures auparavant, n'a affiché aucune sympathie, ni aucune humanité à mon égard !

Lorsque mes parents se risquent à l'interroger gentiment, elle ne répond que par de très laconiques "Oui", "Non". Dès que mes parents et mon frère partent, elle m'évite à nouveau. Elle ne revient dans la chambre que pour ramasser le plateau avec le reste du repas que, normalement, elle aurait dû me donner. Décidemment, la politesse n'est pas son quotidien.

Les nuits s'enchaînent. Elles ne sont que souffrance. Très fatigué, je ne trouve pas le repos. Mes maux de tête m'empêchent de fermer les yeux. Je reste allongé sur le dos, secoué par les mouvements incontrôlables de mon bras et ma jambe droite. Régulièrement, de la morphine m'est administrée.

Une infirmière passe toutes les trois heures. J'aimerais qu'elle soit également là la journée tant elle est sympathique. Elle me fait faire les tests neurologiques. Je les connais par cœur, les ayant effectués maintes et maintes fois depuis mon arrivée. Plusieurs questions me sont posées. Quel jour sommes-nous ? Où suis-je ? Pourquoi ? Soulagement : ma faculté de répondre, à peu près correctement, n'est pas atteinte.

Par contre, la suite est carrément inquiétante. Je suis incapable de poser mon index droit sur le bout de mon nez. Je ne peux pas descendre mon talon sur le tibia opposé.

Ni suivre le doigt que l'infirmière me passe devant le visage, sans que les vertiges reviennent. La sensation sur le côté droit de ma figure est complètement différente de celle sur la partie gauche.

La seconde journée, un homme en blouse blanche, très grand, entre dans ma chambre. Je ne saisis que quelques mots de son propos ; la biopsie ayant encore un peu plus aggravée mes difficultés à entendre. Et à comprendre. J'en déduis finalement qu'il est le kinésithérapeute du service quand il me demande de fermer mes doigts pour mettre ainsi mes poings sous mes genoux.

Il me recommande de tenter dans la journée ces quelques gestes afin que mes jambes bougent un peu et que des escarres n'apparaissent pas. Je dois aussi agiter les doigts des pieds pour "réactiver" mes jambes.

J'essaie de pratiquer ces exercices devant lui et avec son concours. Dès qu'il franchit la porte, je n'en ai plus que faire ! Je ne suis pas en état de tenter quoi que ce soit. Mon corps que je ne gère plus me l'interdit.

Je veux être seul dans ma chambre, presque qu'on me laisse mourir. Mes uniques pensées sont pour ma femme, mes parents, mes frères. J'imagine leurs visages. Si cela me fait mal, j'y puise aussi mes dernières forces pour tenir.

Le quatrième jour dans cette unité de neurochirurgie, une aide-soignante passe dans la chambre mettre mes quelques affaires personnelles dans un sac. Et oui, je redéménage. Elle m'interroge brièvement. Je réponds laborieusement comme d'habitude, probablement à côté de la plaque.

Préférant ne pas s'attarder, elle fait vite. Elle en oublie de récupérer ma trousse de toilette dans la salle de bains.

Mes parents s'en chargeront…

*

*   *

Me voilà réinstallé dans cette chambre 254 que je n'imaginais jamais quitter. Depuis mon départ et ma biopsie, rien n'a changé. Les symptômes demeurent. Je suis juste en plus affublé d'un énorme pansement sur la tête qui dissimule une longue cicatrice refermée par une vingtaine d'agrafes. Dans quelques jours, j'en serai d'ailleurs débarrassé. Je garde le mince espoir que cette biopsie puisse susciter un regain d'optimisme chez les médecins. Mais il me faut patienter. En attendant, la galère continue.

Famille et proches sont à mes côtés chaque après-midi. Les aides-soignantes sont stupéfaites de cette solidarité qui ne s'éteint pas. Pourtant, parfois je préférerais être seul, tant je suis usé et en colère contre la maladie et mon état désastreux. Souvent, mes visiteurs de l'après-midi ne se doutent pas combien la matinée a été éprouvante. Pensent-ils que chaque jour, le même scénario se reproduit ? Le petit déjeuner, la douche, un bon bouquin ou la télé, le repas du midi… Cela est un autre film. J'aimerai bien pourtant. Personne ne mesure réellement le contexte dans lequel je survis. Si tous sont affectés par la détresse, aucun ne mesure ma souffrance. La maladie est une épreuve où la solitude prend tout son sens.

Les conclusions de la biopsie tardent. En attendant, un rendez-vous avec le service ophtalmologique est prévu. On s'interroge : ma vision double et instable ne s'expliquerait-elle pas par un souci au niveau même de mes yeux ? Depuis de longues semaines, ils guident mes trajectoires. Je ne suis plus maître de les orienter dans la direction souhaitée. Ils ne sont plus que le zoom d'un appareil-photo mal réglé. Eux aussi ne m'appartiennent plus. Comme ma jambe et mon bras.

Du coup, je ne comprends pas exactement l'utilité de cet examen. Ne signifie-t-il pas encore une fois que le corps médical est vraiment dans l'expectative ? Certes, aucune hypothèse ne doit être laissée au hasard. Je l'admets volontiers. Je sais aussi pertinemment que ce n'est pas ma vision qui est atteinte mais bien mon cervelet qui ne commande plus mes yeux.

On vient me chercher en début d'après-midi, en plein

sommeil après un repas encore difficile. Sans me regarder, la brancardière m'annonce que je peux y aller. Je n'ai pas le loisir de lui répondre qu'il m'est impossible de tenir debout et encore moins de marcher. Elle est déjà… dans le couloir. Alors, je crie. Surprise d'entendre une voix décousue et curieuse, elle tourne la tête avant de s'éclipser penaude. Un quart d'heure après, deux ambulanciers débarquent avec un brancard. Ils s'avèrent particulièrement aimables, comme s'ils voulaient s'excuser de l'attitude de leur collègue.

Au cabinet ophtalmologique, ils m'abandonnent pourtant dans le couloir. Assis dans mon fauteuil roulant, fixant mes pieds nus, j'attends que l'on veuille bien s'intéresser à moi. Lever la tête est irréalisable. Elle tombe systématiquement. Je suis là au milieu de nul part, cerné par un incessant va et vient de patients et infirmiers. Ils ne se doutent pas que je les distingue à peine. Je lutte pour ne pas fermer les yeux mais c'est plus fort que moi. J'ai terriblement froid. Ne pouvant parler, réclamer un éventuel soutien est inenvisageable. Contraint de résister sur mon fauteuil, je crains même de m'effondrer.

Le premier bilan ne révélant rien, j'en passe un second. Il consiste à poser mon menton sur un support et à cliquer sur une souris quand apparait un point sur l'écran placé en face de moi. C'en est trop. La fatigue est si intense que je ne continue pas. Mon corps me dit “stop”. Le personnel du service n'insiste pas… Chance : j'entends dans le brouhaha les voix de mon frère, de mes parents, de mon oncle et de ma tante. Au CHU pour leur visite quotidienne, ils ont été prévenus de ce soudain rendez-vous. Presqu'agonisant sur le brancard et couché sur le côté, faute de pouvoir être sur le dos, je les salue en levant maladroitement ma main. Je suis à bout, mes forces m'ont encore un peu plus abandonné.

Les jours suivants amènent leurs lots d'incertitudes. Mon mal demeure inexplicable. Le soir, quand je me retrouve seul, je sais que le calvaire recommencera forcément le lendemain dès l'aube. Ma vie n'est plus qu'une souffrance constante à laquelle je fais face à chaque instant.

*

* *

Au cours de cette seconde hospitalisation, je découvre aussi combien la journée se déroule différemment selon que tel ou tel agent hospitalier est ou pas de service. J'apprends à connaitre leur personnalité. Et bien rarement, je me trompe. Je les remercie autant que je peux ; ayant bien conscience qu'ils s'occupent de moi de A à Z. La plupart le font consciencieusement et par amour de leur travail. Ils me répètent que cela fait partie de leur métier. Je leur demande juste de la compréhension. Ils en ont !

Et il y a aussi ceux – moins nombreux heureusement – qui n'améliorent pas ma détresse. Loin s'en faut. Ainsi, prendre une douche suscite une grande dépense physique. C'est encore plus difficile quand l'atmosphère est pesante. Parfois, je donne des coups de pied inopinés, tant mes tremblements sont exagérés. Je redouble d'efforts pour les éviter et contrôler mes gestes. En vain. Le sachant, je préviens l'agent à l'avance. Souvent, il ne me répond pas. Son silence le trahit : je le dérange. Je suis psychologiquement blessé. Alors, je me mure dans le silence.

Exemple : un après-midi de janvier, vers 13 heures, un quart d'heure après le déjeuner, j'actionne la sonnette pour que l'on me remette au lit. Deux aides-soignantes interviennent. Comme à l'habitude, j'en saisis une par les épaules ; l'autre me guidant en me tenant.

L'une d'elle se risque alors à une plaisanterie de très mauvais goût : « *On croirait une scène d'*Intouchables. » Un film que j'ai vu avec Audrey peu avant que ce tsunami s'abatte sur nous. Cette sale allusion me frappe de plein fouet. Humilié, je comprends d'un flash le regard que certains posent parfois sur moi.

Sans aucun ménagement, elle me compare à un handicapé. Je n'apprécie pas mais ne réagis pas. Épuisé, je n'en ai pas la volonté. Me retrouvant seul allongé sur mon lit, ma colère éclate. Je boue intérieurement. N'a-t-elle pas aussi un peu raison : chaque jour passé ne fait-il pas un peu plus de moi un handicapé ? Pour autant, cette réflexion dans un tel contexte et lieu est proprement inexcusable. Forcément, j'évoque l'incident avec mes proches. Présent ce jour-là, mon frère Grégory est outré. Il n'accepte pas que je sois ainsi insulté. Il en parle à plusieurs agents hospitaliers croisés dans le couloir.

Le lendemain, l'aide-soignante incriminée s'empresse de revenir sur sa mauvaise plaisanterie. Pour elle, je n'ai rien compris. En aucun cas, je n'aurais dû la prendre mal. Comment la considérer alors ? Ma réaction est immédiate. Un torrent de larmes inonde mon visage. Je ne me sens pas en position de faiblesse par rapport à elle. Non, mes sanglots sont d'abord un appel : « *Je n'en peux plus. Alors mettez de côté vos remarques désobligeantes, je vous en supplie.* »

Un infirmier la réconforte en lui donnant une tape sur l'épaule. Un geste sans équivoque à la signification claire : « *Je te soutiens, n'écoutes pas ce que ce patient te dit.* » Injustice !

Cette tape amicale, il devrait l'adresser à moi. J'en ai vraiment besoin. Il préfère se mettre du côté de sa collègue. Quand ils sortent de la chambre, je suis en miette. Encore plus que la veille. L'aide-soignante était là pour m'épauler. En principe ! Sa présence, ses propos ont eu un effet totalement inverse. Je suis effondré.

Une autre vexation survient lorsqu'une aide-soignante me réveille un début d'après-midi en me prévenant de l'imminence d'un scanner. Je ne suis pas au courant. Peu importe, j'ai appris à m'exécuter sans poser de questions.

À ma grande surprise, elle ne comprend pas que, depuis le lit, je ne m'installe pas seul sur le fauteuil roulant. Dépitée, elle accepte de me transporter jusqu'à la salle d'examen. Pour détendre l'ambiance, j'entame la conversation avant d'emprunter les ascenseurs. Elle se montre peu réceptive. Avec mon élocution, sans doute me prend-elle pour quelqu'un qui n'a plus toute sa tête. Engager la discussion est inutile. Je ne l'intéresse pas.

Elle me dépose sans un mot. L'examen terminé, c'est elle qui vient me rechercher. Je suis déçu. Je n'ai plus envie de faire des efforts et elle affiche un silence désagréable. Peu importe, l'essentiel est qu'elle me remette au lit. Je la sollicite pour qu'elle m'accompagne avant aux toilettes. Me dévisageant avec froideur, elle s'exclame : « *Cessez de vous emporter ainsi. Vous pouvez bien essayer de le faire seul… !* »

Je suis consterné. C'en est trop mais je préfère encore me taire. Elle me prie de réitérer ma question sans m'énerver. Je récidive le plus calmement possible. Se rabaisser ainsi devant elle est un scénario humiliant. Que fait-elle dans ce service ? Que fait-elle dans un hôpital auprès de malades ?

Plus tard, la seule fois où je la reverrai, c'est pour "taper la causette", assise sur le rebord de mon lit, à côté de sa collègue qui me donne à manger ! Une attitude qui ne trompe pas.

En ces jours incertains, je n'ai vraiment pas besoin

d'être ainsi moqué. Un hôpital n'est certes pas une école de la diplomatie. Mais la guérison n'est-elle pas aussi liée à l'amabilité, la compréhension envers les patients, à l'écoute de leurs souffrances et de leurs douleurs ? Sans doute, n'est-ce pas inné chez certains…

Fort heureusement, je rencontre aussi nombre d'agents, infirmiers, internes, docteurs et professeurs avec lesquels se noue une relation profonde. L'écoute et l'attention sont deux qualités auxquelles j'attache de plus en plus d'importance les jours s'écoulant. Ceux qui les mettent en pratique sont une lueur dans mon quotidien cauchemardesque. Une bouffée d'oxygène pour ranimer une vie qui en manque de plus en plus.

Je me prends même d'amitié avec plusieurs aides-soignants. Éric et Anne notamment. Leur compétence ne se limite pas à me sortir de ce mauvais cauchemar, à ce que j'accomplisse des gestes que je ne peux plus faire seul. Ils me comprennent, dégagent un peu de leur temps pour discuter. Ils trouvent les mots pour m'encourager à ne pas sombrer plus bas.

Éric a du respect dans sa façon d'intervenir et de dire les choses. Quand il pénètre dans ma chambre le matin, ma "boule au ventre" disparait aussitôt. J'en viens même à lui demander son planning de garde. Avec lui, j'ai l'assurance d'être écouté, qu'il s'occupera parfaitement de moi toute la journée.

Ses attentions les plus modestes s'avèrent d'un grand secours. Il m'appelle par mon prénom. Quand on est au fond du trou, cela procure du baume au cœur. Avec lui, je ne suis pas un simple numéro ; le 254 par exemple…

Bientôt, j'appelle d'ailleurs la plupart de ses collègues par leur prénom ; d'abord parce que je commence à les connaître, surtout parce que je souhaite entretenir le lien qui nous unit. Si eux n'en ont pas forcément besoin, moi j'en ressens la nécessité. Ils apprécient la démarche.

Bien sûr, tous ces gens en blouse blanche ne peuvent pas me sortir de cette impasse. J'en ai bien conscience. Mais certains soirs dans les moments de désespoir, je leur réclame une potion magique quand ils me demandent en sortant de la chambre : « *Avez-vous besoin d'autre chose ?* » En réponse à mon propos ridicule, ils esquissent un sourire bienveillant. Complètement dépendant d'eux, leur concours m'est si précieux.

Éric vit au quotidien mes sautes d'humeur. Notamment lorsque j'ai Audrey au téléphone. Souvent, dès que je raccroche, il rentre dans ma chambre et me lance : « *Cela n'a pas l'air d'aller ?* » Je parle fort. Mon ton de voix et mon élocution effraieraient un mort. Il entend tout depuis le couloir. Et surtout saisit la tournure de la conversation. Je transmets ma tristesse et mon désarroi à Audrey d'une façon brutale. Violente.

Comme mon entourage, Éric me rappelle qu'Audrey n'est pas la cause de tout cela et que lui parler de cette façon n'est pas bon. Il a forcément raison, je le sais. Mais ce cri de colère est une manière de clamer à ma femme que je sombre chaque jour un peu plus. Ce n'est certainement pas la méthode mais en existe-t-il une quand on s'enfonce dans les abysses ? Il n'y en a pas, qu'on se le dise. Personne ne peut m'en vouloir de réagir de la sorte. Avec le recul, ma femme est la première aujourd'hui à le reconnaître.

Pour Éric, si mes emportements sont compréhensibles, ils me font plus de mal que de bien. Je ne l'écoute pas. Son discours m'épuise. Il ne renonce pas. Avec tact, il revient à la… charge. Il m'encourage à me calmer. S'énerver ne sert à rien. Contre quoi ? Contre qui d'ailleurs ? Cela, j'ai beaucoup de mal à l'admettre. C'est même inconcevable. Ma vie familiale est bouleversée. Éric le sait. Vite, il instaure avec moi et Audrey une relation de confiance. Il lui parle beaucoup. Il prend du temps pour nous mais le travail le mobilise sans cesse. Consciencieux, (plus que d'autres !), il est "overbooké". J'aimerai qu'il soit plus auprès de moi, de nous.

*

* *

Des "tonnes" de médicaments me sont prescrites quotidiennement. Une gélule ne s'avale pas à la légère. Les médias nous le rappellent régulièrement. Si la prise de molécules vous soigne d'un côté, elle peut vous détériorer de l'autre. Sur mon lit de douleur, j'oublie ces précautions, ces à priori. Je les ingurgite comme quelqu'un qui en a besoin pour vivre et pour éviter de sombrer encore plus. Malheureusement, la plupart de ces "médocs" ne servent pas à me guérir mais à éviter que mon état empire. Il y en a tellement… Je n'ai même pas le courage d'interroger les infirmiers sur l'utilité de chacun. J'avale sans me poser de question.

Jusqu'à une trentaine chaque jour ! Il faut faire au plus pressé. Parfois, on m'en met quatre ou cinq dans la cuillère ou on me les pose directement dans la bouche ; une opération renouvelée quatre ou cinq fois. Mes pensées alors s'évadent. Cette méthode me rappelle celle usitée par Audrey et son père lorsqu'ils soignent les bêtes de la ferme. Alors que le second empoigne l'animal et maintient sa gueule ouverte, la première lui administre la "potion" le plus loin possible. La vache ne la recrache pas et la digère correctement. Une comparaison exagérée qui vaut ce qu'elle vaut…

J'ai d'abord "droit" à une prise en charge par corticothérapie systémique intraveineuse à forte dose (solumédrol). Par la suite, à l'instauration d'une corticothérapie systémique orale. Faute d'amélioration, il est alors prescrit cinq grammes de solumédrol pendant trois jours au lieu d'un gramme. Ce dosage, encore plus fort, ne stoppe pourtant pas l'inflammation du cervelet. Je dois pourtant m'y soumettre tant qu'un nouveau traitement n'est pas envisagé.

Outre les corticoïdes, j'ai une colonie de comprimés à prendre à chaque repas. Contre les maux de têtes, d'estomac, les nausées, les vertiges… Les anxiolytiques, les antidépresseurs et les somnifères font également partie du lot. Ces derniers ont pour utilité de m'apaiser psychologiquement. Ils concourent également à diminuer les douleurs, notamment au niveau de la tête.

La liste est très, très longue. Hormis le Cortancyl que je prends depuis des semaines, m'est prescrit du Tanganyl, Fosavance, Lovenox, Mopral, Diffu k, Gaviscon, Effexor, Motilium, Atarax, Xanax, Paracétamol et j'en passe. Certains me sont administrés en pleine nuit ; les douleurs aux jambes et aux genoux étant insupportables.

*

* *

La plupart de mes facultés motrices sont altérées. Pour éviter de les perdre totalement, j'ai recours à l'ergothérapie. Faute encore d'en connaître la véritable signification, ce mot me renvoie à "handicap". À tort.

Dix jours après mon admission à l'hôpital, alors que je

ne suis pas encore grabataire, une jeune femme s'annonce dans la chambre. Ses propos m'inquiètent. L'ergothérapeute évoque des barres à installer à mon retour dans les toilettes et dans le couloir de ma maison.

Elle m'indique aussi qu'il existe des tapis antidérapants pour poser l'assiette, des couverts ergonomiques… Elle me fournit même de la documentation sur les ordinateurs vocaux ; l'informatique étant indispensable pour exercer mon métier de comptable…

Ces recommandations me soucient et me portent un coup supplémentaire au moral. Je ne suis pas prêt à les entendre. À ce stade de la maladie, je n'ai jamais envisagé qu'un soutien matériel puisse m'être nécessaire lorsque je serai guéri.

J'en fait part à mes proches. S'ils comprennent mon courroux, sans doute prennent-il conscience à cette occasion que cette éventualité n'est pas dénuée de tout fondement. Qu'un jour peut-être, il faudra bien s'y résoudre.

L'ergothérapeute a vu juste. Deux ou trois semaines plus tard, courant janvier, nous nous retrouvons. Je suis toujours hospitalisé mais mon état n'est plus du tout le même… Il s'est détérioré vitesse grand V. Dès lors, elle me reçoit une à deux fois par semaine.

M'emmenant dans son étroit bureau situé dans le centre de neurochirurgie, elle cale mon fauteuil roulant juste en face de la porte, devant la table de travail. Sur la droite, un ordinateur est posé sur un autre meuble. Je ne le visualise pas. Tout comme je ne distingue pas l'armoire qui renferme les accessoires et des jeux d'enfants qui s'avèrent de véritables… instruments de torture.

Elle en étale plusieurs. Les exercices à réaliser sont

simples. En principe ! Je dois ainsi enfiler des perles dans un fil. Échec sur toute la ligne. Attraper une perle, tenir le fil dans la main m'est impossible.

Récupérer une balle de tennis qui roule sur la table n'est pas non plus dans mes capacités. Mes gestes sont imprécis, désordonnés et lents. Un jour, je casse même le bocal en verre rempli de perles, laissé sur le recoin de la table !

Souvent en fin de séance, elle dessine une forme de vagues sur une feuille. À moi de la recopier si possible d'un seul trait. Tenir un crayon correctement, tracer une courbe est irréalisable. Je suis trop fatigué. Nous ne sommes pourtant dans son bureau que depuis une vingtaine de minutes.

Il est déjà temps qu'elle me raccompagne et que l'on recouche le "légume".

*

* *

Les prises répétées de médicaments ne sont pas sans conséquence sur mon poids et la calcification de mes os. Trois semaines après mon hospitalisation, une diététicienne entre… en scène. Elle me recommande des plats forts en calcium et des compléments alimentaires.

Sa première visite m'interpelle. Pourquoi une diététicienne s'intéresse-t-elle à mon cas ? Quel est l'intérêt de son intervention eu égard à ma maladie ?

J'en ai pourtant une petite idée. Le 12 décembre 2011, entre mes deux hospitalisations, je suis revenu au CHU pour y subir une "densitométrie" osseuse, prescrite par le neurologue. Cet examen, au nom barbare, a pour objectif d'analyser la solidité de la masse osseuse. Ce bilan est indispensable avant la mise en place des corticoïdes qui ont pour effet secondaire de fragiliser encore plus les os.

Cette première véritable sortie à l'extérieur a confirmé plus les craintes vécues à la maison. Ma marche devenant maladroite, ma vision double s'installant, je manquais déjà à chaque instant de chuter.

Le médecin qui m'a alors fait passer cette ostéodensitométrie a constaté que mes os sont déjà en dessous de la normale. Je dois surveiller cela de très près et consulter éventuellement un rhumatologue. Ce que je n'ai pas fait ; la dégradation crescendo de ma vision et de mon équilibre m'inquiétant plus.

Ces conclusions sont au centre de ce premier échange avec la diététicienne. Mon dossier lui ayant été transmis, elle les connait. Jusque-là, à aucun moment, je ne me suis soucié de mes menus. Ce n'est pas non plus la préoccupation principale des aides-soignants.

Ainsi, je devrais avoir systématiquement un goûter. Ce n'est pas le cas. S'en étonnant, elle prend les dispositions pour. Mon ordinaire s'améliore. Chaque après-midi, on m'apporte désormais un gâteau ou un biscuit. Le midi et le soir, des boissons énergisantes ainsi que du "vrai" pain complètent le plateau repas. La diététicienne repasse ainsi à trois ou quatre reprises pour faire le point sur ma nourriture et mon poids.

*

*   *

Quoique très entouré par ma famille, je vis cette hospitalisation seul. Le fait de ne pouvoir donner aucun nom précis à ma maladie décuple mes interrogations et me plonge dans une profonde solitude. Le moral part à la dérive.

On décide, sans m'en parler directement, que j'ai besoin d'une psychologue. Comme pour l'ergothérapeute et la diététicienne, lors de sa première visite je suis sur mes gardes, sceptique sur son utilité. J'ai le sentiment qu'elle est là pour m'annoncer une issue désespérée et fatale.

Ses premiers mots sont clairs. Le courant passe immédiatement ente nous deux. Cette femme a un propos calme et posé. Elle me laisse parler ; beaucoup parler, évite tout commentaire sur mon élocution désastreuse. Je n'ai de cesse de lui répéter : « *Pourquoi ? Pourquoi ? Pourquoi ?* » Je n'ai pas de réponses. Je suis si désespéré.

Elle a pourtant cette intime faculté à me faire évoquer des thèmes que, jusque-là, j'étais incapable d'aborder : la mort, la crainte de laisser seule Audrey… Des sentiments parfois paradoxaux. Ainsi, je lui décris ma peur de partir et à contrario, ce souhait qui désormais m'effleure parfois de tout simplement… en finir. Tout se mélange dans ma tête.

Face à elle, j'utilise des termes que je n'ose pas employer devant mes proches de crainte de les offusquer : "légume", "numéro", "zombie". Des mots terribles et durs à entendre. La psychologue s'efforce ainsi d'effacer de mes pensées cette image saugrenue et défaitiste que je m'attribue. Le résultat est là : un court instant, entre deux crises de larmes, j'oublie mon état, (re) goûte au monde réel ; celui d'avant.

Je culpabilise d'être ce que je suis en ce terrible mois de janvier 2012. « *C'est légitime* », insiste-t-elle à chacune de nos rencontres, tout en me mettant en garde. Il ne faut surtout pas que je me laisse ronger par l'ignorance ou l'indifférence de certains. Une référence limpide à l'attitude de ces quelques agents hospitaliers évoqués dans les pages précédentes. Ils pensent ce qu'ils veulent. S'ils ne comprennent pas tout, autant ne pas y accorder de l'importance.

Cette psychologue assimile parfaitement mon ressenti, ces frustrations et vexations vécues de l'intérieur, au plus profond de moi. Bientôt, elle désire rencontrer mes parents. Lesquels doutent de l'opportunité de cette entrevue. Ce n'est pas trop leur façon de voir les choses. Ils ne s'y opposent pas. J'ignore toujours le contenu de cet échange, n'en n'ayant depuis jamais parlé avec eux. Mais je suis soulagé. Mes parents souffrent beaucoup. D'avoir échangé avec une psychologue leur a probablement aussi fait du bien.

*

* *

Et la kiné ? Même topo ! Lors de la première séance, aucun traitement me concernant n'a encore été établi. Une fois encore, l'intérêt de son "job" m'échappe. J'ai tant d'autres préoccupations. Désormais alité 24 heures sur 24, mon corps a perdu la quasi-totalité de sa motricité. Alors à quoi bon ? Cette séance est terrible. Jamais, je n'ai consenti autant d'efforts physiques et moraux pour, je le pense, si peu de résultats. D'autres suivent. Parfois je les redoute tant que j'y renonce.

La salle d'exercices est située à l'entrée du couloir du service neurologique, sur la gauche. La kiné pousse mon fauteuil vers ce qui est pour moi une nouvelle salle de torture. J'ai l'impression d'y pénétrer avec trois grammes d'alcool dans le sang, et une fatigue démultipliée.

La pièce est anodine. Un bureau au fond à droite, quelques fauteuils roulants, des tapis déroulés sur des tables de massage, des barres parallèles. Une salle de kiné comme il en existe dans tous les CHU de France. Les exercices sont rudes, épuisants. Un exemple : je dois imbriquer l'un par-dessus l'autre des cônes. M'avancer un peu plus de mon fauteuil, lever mon bras, éviter les tremblements pour ne pas les faire tomber représentent pour moi un effort démesuré.

Ces cônes m'effraient. Parfois, l'exercice se complique. Je dois les placer devant des pions de couleurs différentes. Objectif : vérifier que je ne confonds pas le bleu ou le jaune. Ce n'est pas le cas. Ouf… un souci de moins. La kiné m'amène aussi un boulier, un jeu habituellement destiné aux enfants. Aux extrémités de chaque bras : une boule de couleur que je m'efforce de dévisser et revisser. Cela nécessite coordination et précision. Je n'en ai plus.

Parfois, un grand panneau est posé sur la table. Avec un marqueur que j'ai du mal à tenir, j'essaie de tracer un trait entre deux points. Et ce le plus droit possible. Chimérique ! Pour un peu, je balancerai le feutre de désespoir et de fatigue. Les jours où je suis plus en forme, elle se risque à me demander d'écrire mon prénom entre deux lignes parallèles. Échec garanti.

Jamais, la kinésithérapeute ne se décourage, ni ne marque des signes de lassitude. « *Cela ira mieux la prochaine fois* », me dit-elle. Que lui répondre sinon un « *J'espère* », sans vraiment y croire. Lorsque la souffrance ne s'accompagne d'aucune amélioration, que vous avez le sentiment de reculer, la confiance s'éloigne. Ce doute est légitime. Sans un ultime sursaut de volonté, je serais incapable d'accomplir le moindre de ces exercices. Je dois absolument garder mon calme pour au moins essayer…

Lors d'une nouvelle séance, la thérapeute me propose d'utiliser les barres parallèles qui m'intriguent tant. Je ne réfléchis pas longtemps. J'ai peur mais je suis partant. Elle me hisse le plus près possible du bout de ces barres.

Pour la première fois depuis des semaines, je me lève

ainsi de mon fauteuil. Une drôle d'impression. Je redresse ma tête. Elle est toujours aussi lourde. Tout est instable, tout bouge, tout tourne. Déjà, je redoute l'instant où il me faudra mettre un pas devant l'autre.

Je suis sur la défensive. Je ne contrôle rien. Mon cerveau ne me guide pas. Puisant dans mes ultimes forces, concentré au maximum, je me risque. Chaque pas est un acte héroïque, une victoire. Reprenant mon souffle, j'essaie de relever la tête, de jeter un œil au travers des grandes fenêtres dans l'espoir d'apercevoir à quoi ressemble l'extérieur ; l'autre monde. Mais le parking de l'hôpital, les voitures, le tramway qui surplombe la Maine n'est qu'un paysage instable, déséquilibré. M'y attarder vire au supplice.

Alors je reprends l'exercice. Lentement. Trop lentement. Pourtant mon pied droit est en perpétuelle agitation. Il tremble toujours plus. La kinésithérapeute finit par me fixer des poids à la cheville afin que mes jambes "cessent" de se déchaîner. Au prix d'un énorme effort, mon corps désarticulé se maintient aux barres. Je ne réalise qu'un aller-retour la première fois. Puis deux, puis trois…

Lors du dernier retour, je distingue la récompense : mon fauteuil sur lequel je vais enfin me reposer. La kiné me fait d'abord pivoter, étant incapable de me tourner seul, faute d'une quelconque connexion entre ma tête et mes jambes.

Paradoxalement, cet exercice réussi me fait… ni chaud, ni froid. Je me suis tant fait à l'idée de ne plus marcher, que je m'en moque presque. Ce que je veux avant tout c'est que l'on me "répare" mon cervelet.

Généralement, après m'avoir ramené dans la chambre, elle me met un autre poids autour du poignet droit pour empêcher, ou plutôt limiter, mes tremblements. Je le garde en permanence même si je reste libre de l'enlever. Mon souci est obsessionnel : que ce bras s'agite le moins possible.

J'apprécie cette kinésithérapeute. Elle se révèle compréhensive, aimable et attentive. Quelquefois, je suis si faible qu'en entrant dans la chambre, elle comprend de suite qu'aucun exercice ne m'est possible aujourd'hui. Je constate pourtant peu d'améliorations entre deux séances. Faut-il lui avouer ? Lui dire que cela ne sert à rien ? Je me tais et continue. J'ai simplement envie de résister, de me battre. Baisser les bras n'est pas dans mon ADN. Chaque jour est un nouveau jour. Je dois m'en sortir.

*

* *

27 janvier 2012. L'espoir est au réveil. Enfin ! Le neurologue, le docteur C., accompagné de Philippe l'interne, m'avertit de la mise en place d'un traitement. Une page se tourne, une autre s'ouvre. Cette décision a été prise en concertation, à la lecture des résultats de ma biopsie. D'après leurs dires, ce traitement sera plus adapté à la rareté de mon cas.

Ces dix derniers jours, mon dossier a été étudié de près par plusieurs spécialistes, notamment parisiens. Ce médicament doit stopper l'inflammation du cervelet. Une bonne nouvelle. Hospitalisé depuis plus d'un mois et demi, cette annonce est une première petite lueur d'espoir. Jusque-là, le corps médical m'est apparu impuissant, ne sachant vraiment que faire. Le neurologue me précise néanmoins que ce traitement peut se prolonger longtemps et que le résultat n'est pas acquis d'avance. Il n'offre aucune garantie. D'après lui, les premiers effets, s'il y en a, ne seront perceptibles que dans trois à six mois.

À ses propos empreints de franchise, je perçois un doute : la maladie répondra-t-elle au traitement ? Mais il faut tenter quelque chose. Certes mûrement réfléchi, ce "quelque chose" ressemble plus à un essai. Je suis pour ainsi dire un cobaye. Il agit plus dans mon intérêt que dans celui de la médecine. J'accepte.

Je suis d'ailleurs tellement diminué que l'idée de refuser ne m'effleure pas un instant. Néanmoins, je ne m'emballe pas. Le temps et l'incertitude d'effets bénéfiques sont deux éléments que j'intègre. Personne ne sait à coup sûr ce qui se passera dans les prochaines semaines.

D'autant qu'à l'inflammation, s'est ajoutée une nécrose du cervelet provoquée par l'intervention chirurgicale. Les cellules touchées sont définitivement mortes. C'est irréversible. Une douche froide ! L'espoir né quelques instants auparavant de l'annonce des médecins fond d'un coup. Jamais, les médicaments ne pourront "ressusciter" ces cellules détruites. Aucun nom définitif n'est encore posé sur cette maladie qui m'empoisonne à petit feu. Pourtant, celui de neurosarcoïdose revient régulièrement à l'esprit des spécialistes. Il s'agit d'une lésion inflammatoire du cervelet avec une nécrose importante de celui-ci. En d'autre terme, je souffre d'un syndrome cérébelleux extrêmement lourd. D'où vient cette lésion ? Comment est-elle apparue ? Toujours pas de réponse.

En complément des examens subis au CHU, l'avis de grands centres nationaux a donc été sollicité ; notamment le CHU de la Pitié Salpetrière à Paris. Poser une hypothèse sur ma maladie a été long, difficile, fastidieux. Un temps, Angers semblant hésiter sur mon cas, il a été envisagé de me transférer à Paris. Le savoir-faire et la compétence des spécialistes angevins en ont décidé autrement. N'ignorant pas l'excellente réputation au plan national de l'unité neurologique dans laquelle je suis hospitalisé, je n'en suis pas étonné. Lors de cet entretien avec le neurologue, Audrey est présente. Elle est beaucoup plus soulagée que moi. Sa cousine qui l'accompagne également. Audrey insiste sur les points positifs. Mais comme souvent je n'écoute pas ou plus. J'ai la tête ailleurs. Ma confiance en cette avancée est plus que mesurée. Pour l'instant.

Quelques jours auparavant, le neurologue est pourtant passé dans la chambre accompagné d'un confrère d'une cinquantaine d'années au fort charisme. Sa visite n'était pas anodine. Et pour cause !

Avec un caméscope, il a filmé l'intégralité de l'entrevue. M'ayant questionné et ausculté, il s'est assis au bord du lit. Me regardant droit dans les yeux, il a lâché : « *On ne fait pas de miracle, mais on va tout faire pour vous sortir de là.* » Je n'ai rien répondu, lui adressant juste un signe de tête signifiant : « *Il ne faut pas me laisser comme ça, je vous en supplie.* »

Ce visiteur inattendu est un professeur éminemment reconnu dans le monde de la neurologie. Souffrant d'une "sale" maladie, il est désormais rare qu'il se déplace au chevet d'un patient. Dans les couloirs, le personnel a d'ailleurs été stupéfait de sa venue. Il me l'a dit. Mon cas est bien grave.

Plus tard, mais seulement plus tard, j'ai compris : sa visite témoigne que tout sera mis en œuvre pour me sauver.

*

* *

Enfin un traitement. Ma famille espère cette info depuis si longtemps. Depuis des semaines, mes proches ne cessent de me rabâcher que les médecins vont trouver une solution.

C'est fait, les voilà soulagés. Ils savent surtout qu'il est quasiment le dernier recours. Déception, inquiétude… Ce traitement ne donne rien dans l'immédiat. Les jours se succèdent toujours aussi terribles.

Février touche déjà à sa fin. Je poursuis inlassablement les séances de kiné. Les améliorations sont infimes. Je commence à emprunter les tapis sur lesquels la thérapeute m'installe. Je n'ai que pour seule aide ses mains.

Elles me guident et m'empêchent de tomber. Souvent, je me retrouve sur le dos, comme une tortue incapable de se retourner. J'essaie de me mettre en position latérale afin que ma tête soit "irriguée" le mieux possible. Inutile. J'ai toujours ces "trous noirs" lorsque je bouge ma tête trop rapidement ou lorsqu'elle est complètement allongée.

L'ergothérapeute passe encore. Avec elle, je continue à tracer des lignes, à mettre des boucles dans une ficelle… sans améliorations notables. Un matin, elle m'accompagne à la douche. Son souhait est de me fournir quelques astuces pour me faciliter son utilisation.

Elle est étonnée de découvrir une pièce peu pratique, exigüe. Je peux à peine tenir assis sur la chaise de douche, ni tenir la paume, encore moins la diriger, ni même enfiler le gant de toilette dans ma main. Où s'agripper si ce n'est… aux tuyaux très chauds. Ce matin-là, en me relevant, je manque d'ailleurs de glisser, malgré l'intervention de l'ergothérapeute. Le tapis de bain est tout sauf… antidérapant. Une grosse frayeur pour elle et pour moi. Prendre une douche seul relève de l'exploit. Désormais, elle le sait.

J'apprécie de plus en plus les visites de la psychologue. J'en ai un réel besoin. Le discours n'a pas changé. Je lui évoque toujours mes craintes et mon désespoir, combien il m'est absurde d'envisager qu'un tel enfer perdure encore des mois, voire des années.

Je lui parle bien évidemment du traitement. À mon ton, elle perçoit que je doute. Je m'interroge, je l'interroge. Dois-je forcément y croire au plus profond de moi-même en attendant les éventuels premiers effets ? Et s'ils ne surviennent pas, que fait-on ? Comment ferai-je ? Elle n'a pas la réponse, son passage ne fait qu'apaiser ma colère, un court instant. Comme les fois précédentes.

Audrey gère toujours le planning de visites. Avec brio. Les semaines s'écoulant, il ne se dégarnit pas. Comment ne pas y être sensible ? Personne ne m'oublie. Mes visiteurs fondent leurs espoirs dans le succès prochain du traitement. Cela s'entend. Ils sont plus apaisés, moins anxieux. Plus optimistes.

Désormais, ils me proposent un petit tour à l'extérieur de l'hôpital. Une nouvelle étape après la sortie quotidienne dans le salon du service neurologique. L'envie n'y est pas. Revoir le monde extérieur avec mes sensations actuelles m'effraie.

Par sympathie et par courage, je m'exécute. J'accepte. On m'enfile un pull et le sweat à capuche offert par Audrey pour mon anniversaire, quatre jours avant l'hospitalisation. Emmitouflé dans mon écharpe, mon cache œil bien fixé, me voilà fin prêt. Dans le couloir, des infirmières me glissent : « *On va prendre un peu l'air ?* » Calé dans mon fauteuil roulant, j'esquisse un signe de tête, le cœur n'y est décidément pas.

La première sortie confirme d'ailleurs mes craintes. Franchissant la porte vitrée de l'accueil du CHU, je suis soudainement propulsé dans un monde instable. Entendant très mal, j'ai l'impression que mes proches et les passants s'expriment bizarrement. Un bruit sourd envahit mon crâne.

Je distingue à peine les voitures, les autres bâtiments… Je suis seul dans un monde que je ne connais plus.

En rentrant, nous prenons l'habitude de faire un stop à la cafétéria ; celle là-même où j'ai acheté un sandwich lors de mon admission… Ma commande ne varie pas : un jus de pomme et un Twix. Ainsi, je m'évade, goûte à l'interdit ; les goûters sucrés n'étant pas recommandés… Nous avisons une table à proximité du comptoir ; le fauteuil roulant prenant beaucoup de place.

Ce moment particulier, le seul de la journée où je suis un peu serein, est trop court. La soirée approche. Je regagne la chambre 254. Mon caractère et mon humeur s'assombrissent. Mon agressivité resurgit. Audrey en pâtit encore et toujours.

Le traitement est lancé depuis quelques semaines mais l'incompréhension, le handicap, les interrogations, les colères, la fatigue, le désarroi… demeurent. Le miracle n'est pas au rendez-vous.

Les docteurs qui m'auscultent chaque mardi et vendredi matin suités d'une cohorte d'étudiants infirmiers, sont confiants. Ils affichent toujours un même mot d'ordre : attendre. Un refrain que je connais par cœur. Abattu, je ne pose plus de questions.

À quoi bon ? Leurs réponses étant toujours identiques.

Désespérant.

*

*   *

Enfermé entre quatre murs dans la chambre 254 du CHU depuis plus de deux mois, l'hiver me manque. La neige, le froid, les gelées matinales, les odeurs, les paysages si particuliers : revivrai-je cela un jour alors que le printemps s'annonce dans trois semaines ?

Fin février, le docteur C. m'informe qu'une place se libère pour me transférer dans le centre de rééducation des "Capucins". Situé à proximité du CHU, c'est l'un des plus réputés de la région. Mon dossier est prêt.

C'est si soudain que je n'y comprends rien. Pourquoi un transfert dans un centre de rééducation ? Qu'est-ce que c'est que cette histoire ? Pour moi, je dois d'abord ressentir les premiers effets du traitement au CHU avant d'envisager une autre étape. Je n'ai pas encore admis que les médicaments ne sont pas suffisants à une éventuelle rémission de la maladie. Dans ma tête, faute d'explications complémentaires, tout se bouscule. Je confonds centre de rééducation et hôpital psychiatrique. Abasourdi, je reste de marbre. D'après les médecins, c'est pourtant la suite logique des choses. Je ne les entends pas.

Heureusement, grâce à mon entourage, ma colère retombe. Avec patience, Audrey, mes parents, mes beaux-parents… m'expliquent point par point ce qui se profile. Je me calme. Provisoirement…

Concrètement, l'hôpital ne peut plus faire grand-chose. Les spécialistes ont définitivement posé un nom sur ma maladie : neurosarcoidose. Ils ont lancé un traitement. Le CHU n'est pas un établissement approprié pour les patients déficients. Les quelques séances de kinésithérapie et d'ergothérapie que je suis pendant la semaine sont insuffisantes. Le matériel et les salles sont inadaptés. L'urgent est de rejoindre un centre pour réapprendre certaines facultés perdues.

J'en ai conscience. Mais j'estime ne pas être encore au stade de la rééducation. Surtout pas. Et pour cause. Je n'arrive pas à me lever seul, ni à marcher, me laver, manger, parler correctement et mon environnement est toujours aussi instable… Bref, je ne peux toujours rien faire. Ce transfert n'est-il pas précipité ?

Quoiqu'il en soit, je me range à l'avis du corps médical. D'autant qu'il m'assure, sans doute pour que la confiance ne m'abandonne pas totalement, qu'il décèle depuis peu quelques améliorations ; certes infimes.

Le départ dans un centre de rééducation n'est pas immédiat. Je le sais, il va falloir faire preuve de patience. Cela me réconforte : mon cas continuera à être suivi de près par le neurologue. Je ne serai pas lâché en pleine nature. Et qui sait ? Cela me permettra peut-être d'y voir peut être un peu plus clair.

Un rebondissement contrarie quelques jours plus tard cette annonce. L'interne remplaçante m'avertit qu'une demande est sur le point d'être déposée dans un nouvel établissement situé cette fois… à Laval dans le "53". L'explication ? Étant domicilié en Mayenne, le transfert dans ce centre sera plus facile. Je m'inquiète et gronde : pourquoi faire jouer le volet administratif de mon dossier alors que depuis des jours l'on ne cesse de me vanter le centre des "Capucins" ?

Ce changement est brutal. Présents, mes parents et mon frère Tanguy font aussitôt part de leur indignation et de leur incompréhension à l'interne. Pour clore la discussion et éviter que les esprits ne s'échauffent, elle nous assure que rien n'est décidé, qu'elle prend bonne note de notre interrogation. Après son départ, je reste un long moment prostré. La lueur d'espoir s'est brusquement éteinte. La désillusion est cruelle.

Le soir, au téléphone, j'avertis Audrey. La pauvre doit

composer avec ma colère et mon humeur lamentable. Elle n'y est pour rien. Je lui fais maladroitement comprendre qu'ils ont encore gagné, que je dois une nouvelle fois subir un revirement de situation que je ne peux gérer seul. La coupe est pleine !

Audrey tente de me rasséréner. Cet éventuel départ pour la Mayenne n'est pas forcément une mauvaise initiative si cela peut nous faire gagner du temps. Les thérapeutes lavallois n'ont-ils pas d'ailleurs les mêmes compétences que leurs homologues angevins ?

Dès le lendemain, le docteur C. passe dans la chambre. Il ne comprend pas mon refus et tente lui aussi de calmer mon inquiétude ; usant des mêmes arguments qu'Audrey. Pour lui, la probabilité qu'une place se libère à Laval rapidement est réelle. Il ne faut pas la laisser passer. Que lui répondre sinon lui répéter ma déception et mon étonnement ?

J'ai de sérieuses réserves sur ce centre mayennais, n'ayant aucune information confirmée à son sujet. Néanmoins, je m'en remets à l'avis du spécialiste. « *Ce changement de centre, s'il aboutit, doit vous faire gagner quelques semaines* », me précise-t-il. « *Votre rééducation ira plus vite.* »

Incapable de me battre, je me résigne, prêt à “faire mes valises” pour cet établissement inconnu.

*
* *

Début mars, une infirmière, croisée dans le couloir, lâche l'info. « *Une bonne nouvelle* », m'assure-t-elle. Un lit est vacant à Laval. Il est pour moi.

Immédiatement, tout s'embrouille dans ma tête. Je suis partagé entre plusieurs sentiments contradictoires. Ces interrogations se lisent sur mon visage. Je devrais être content et le montrer. Ce n'est pas le cas. Je ne m'imagine pas quitter la chambre 254. Je ne me sens pas prêt. Mes doutes persistent.

L'interne Philippe, les infirmiers, les aides-soignantes se succèdent dans la chambre. Tous sont contents pour moi. Mon entourage s'enthousiasme également. Il est aussi soulagé que lors de la mise en place du traitement. Audrey partage cette euphorie. Avec discrétion et retenue. Je sais que cette nouvelle ne gommera pas la souffrance qu'elle endure depuis quatre mois.

Affichant une grande sérénité, elle me répète qu'il faut considérer ce transfert comme un nouveau départ, même si le chemin s'annonce encore long. Je ne réponds pas. Et si ce centre de rééducation ne m'apportait rien ? Dans mon état, je ne vois d'ailleurs pas vraiment d'autre option. Pourtant, moi seul détient la clé de mon avenir. Il faut que je me batte, cela finira bien par payer.

Le neurologue me précise qu'il suivra de près mon dossier. Il me reverra de toute façon dans trois mois. Savoir qu'une consultation est déjà programmée me rassure. Dans la soirée, la quasi-totalité du service défile dans la chambre pour les adieux. Tous ne travaillent pas ce jour-là. Et je regrette ces absences. La kinésithérapeute, l'ergothérapeute et la psychologue ne sont pas non plus présentes. Mon départ est si rapide…

Cette journée du 7 mars ne déroge pas à l'habitude. Une matinée chemin de croix, la toilette, un repas pris avec un agent. En début d'après-midi, Tanguy, mon frère ambulancier, passe me chercher accompagné de ma femme. Je suis attendu à Laval vers 16 heures. Calé dans le fauteuil, poussé par mon frère, je sors de la chambre 254 pour la dernière fois.

Quatre mois après ma première admission au CHU...

Traversant le couloir, nous stoppons devant le bureau des infirmiers. Audrey a apporté des friandises pour le service. Comme la veille, tout le monde n'est pas là. Je suis content de voir qu'Anne, une des aides-soignantes avec qui j'entretiens une excellente relation, est de service.

Je lui tends une carte à transmettre à Éric. J'aurais aimé le saluer avant de partir. C'est un de mes regrets. Je ne l'ai d'ailleurs jamais revu. Sa mutation pour la Martinique ayant été acceptée, il s'est au mois d'avril suivant envolé avec sa famille pour Fort-de-France.

Ma carte témoigne de ma profonde sympathie à son égard. Audrey s'est bien sûr chargée de l'écrire à ma place. Elle a parfaitement cerné ce que je ressens et ce que je veux lui dire. Ce merci est le nôtre.

Passant ensuite devant la douche, je pose un ultime regard sur la porte de cet "enfer". Un instant, mes pensées me replongent dans toutes les souffrances que j'y ai subies. Un dernier regard sur la salle de kinésithérapie, sur l'autre unité neurologique, sur le service de neurochirurgie, et nous voilà déjà dans l'ascenseur, le hall, dehors devant l'ambulance.

Direction Laval, une heure et quart de route...

*

* *

Comment résumer cette terrible épreuve, vécue entre le 15 novembre 2011 et ce départ pour Laval le 7 mars 2012 ? Plusieurs mots définissent cependant ces quatre mois : décadence, horreur, galère, colère, incompréhension, néant, souffrance physique et morale, peur...

En fait, j'ai éprouvé tout ce qu'un homme ressent

immédiatement avant la mort. Le pire est encore pire que ce que j'imaginais. Personne ne peut imaginer cette peur, hormis ceux qui, atteints de la même maladie, n'ont pas eu ma chance et ne sont plus là pour l'évoquer. Effectivement, je ne suis pas le seul à avoir ainsi séjourné dans un hôpital, à m'être sans cesse demandé de quoi serait fait le lendemain, dans quel état je serais, si la souffrance demeurerait quotidienne ? Comment ne pas insister également sur l'ignorance qui entoure ma maladie. La médecine s'est avérée impuissante face à la tournure qu'elle prenait. Mon inquiétude s'étant accrue pour cette raison, ma santé s'est dégradée encore un peu plus. J'ai lentement dérivé vers une situation totalement folle, dans un monde inconnu. La science médicale n'est pas exacte, nous le savons tous. Pour tout ce qui touche le cerveau et le cervelet, la complexité est encore plus importante.

Cette part mystérieuse autour de mon cas était trop pesante pour mon mental. J'étais pourtant entouré de très bons spécialistes, notamment mon neurologue. Au plus fort de l'incertitude, j'ai même nourri une petite pointe d'amertume, envers des personnes affectées par un ennui de santé plus minime. Cela me faisait mal d'entendre certains se plaindre de maux finalement pas si graves.

Quand on voit la misère des gens à côté, sans être directement confronté, on se dit : « *On comprend, cela doit être dur.* » Non ! On ne comprend rien. Je ne comprenais rien avant. Je n'ignorais pas la détresse qui touchait certaines personnes mais j'étais loin d'imaginer ce qu'elles pouvaient ressentir réellement.

Depuis, cette hospitalisation, je sais.

5.
Un nouvel horizon

Mon frère est au volant, ma femme à mes côtés. Déjà, mes interrogations se télescopent. Lorsque je suis entré au CHU, je marchais encore. Je le quitte en tremblant sur un fauteuil roulant, avec un cache œil et une instabilité à devenir fou ! Certes, je me suis fait une raison depuis quelques jours. Je ne peux vivre indéfiniment dans cet hôpital. Pour autant, je ne vois aucun autre endroit capable de me sortir de ma situation. Pas même le centre de Laval où l'ambulance me conduit.

Depuis quatre mois, je ne suis pas monté dans une voiture. Le trajet s'avère un supplice. L'instabilité, le paysage qui défile et que je distingue à peine… J'avale ma dose de médicaments pour éviter les nausées et les vomissements. Je suis si concentré que je ne garde aucun souvenir de notre conversation.

Le centre de rééducation de Laval que je découvre en ce mercredi pluvieux et venteux colle au centre hospitalier. Au premier abord, le bâtiment m'apparaît moderne. Je suis rassuré. Ce n'est pas l'image que je m'en étais faite. Un bon point. La chambre 11 en unité 1 est à ma disposition. Située au deuxième étage du bâtiment, plus accueillante qu'une chambre d'hôpital, elle est suffisamment grande pour que je puisse déplacer facilement et avec plus de "liberté" mon fauteuil roulant. "Liberté" : un mot qui depuis quatre mois ne fait plus partie de mon vocabulaire. Relativement spacieuse, la salle de bains est dans la chambre. La porte coulissante est assez large pour qu'un fauteuil puisse y rentrer.

Mes affaires sont rangées dans le placard face au lit. Audrey pose sur la table de chevet le poste CD. À Angers, je n'ai pas eu le courage de le brancher. Le bruit m'était insupportable, glisser un opus irréalisable… Parfois, Audrey se risquait à l'allumer. Sans doute pour me rappeler que derrière chaque chanson se cachait un moment partagé ensemble et à (re) partager un jour. Léthargique, j'écoutais sans rien dire. Vais-je m'en servir plus à Laval ? Pourquoi pas ? Réécouter de la musique n'est-ce pas déjà un premier pas vers une vie normale ?

Cette première après-midi, se succèdent dans ma chambre une infirmière qui me présente brièvement le centre et la docteur en charge de mon dossier. À cette femme blonde et grande, je raconte mon parcours, décris mes symptômes… Sans trop s'étendre, elle m'explique le programme qui m'attend. Ces premiers contacts sont positifs. Mon frère et ma femme le perçoivent. En me quittant, leur inquiétude de me laisser seul dans ce centre inconnu s'est dissipée.

*

* *

Néanmoins, j'appréhende la première journée au centre. Je crains ne pas être assez soutenu. Inquiétude vaine.

Très vite, mes doutes s'évanouissent. Le personnel est aux "petits soins" pour moi. Quotidiennement au contact de patients à la capacité de mouvement très limitée, il maîtrise le job, sait parfaitement comment m'aider à manger, me lever, faire ma toilette. Et il à la manière pour me le dire. Pourtant, beaucoup de questions trottent encore dans ma tête. Que va m'apporter ce transfert ?

Le planning qui m'est remis est déjà une réponse. Kinésithérapie, ergothérapie, orthophonie, psychomotricité, activité physique et visite de l'infirmière psychologue sont à mon programme. S'ajoutent des séances d'orthoptie dans un cabinet libéral, installé dans le centre-ville de Laval.

9 heures 30, je suis prêt. Un brancardier m'emmène vers les salles de rééducation situées au 1er étage. En chemin, je distingue plusieurs personnes. Certaines sont en fauteuil ; la plupart sont âgées. Quelques-unes n'ont besoin d'aucun soutien matériel et humain pour se déplacer.

D'autres encore semblent être là car victimes d'un accident. D'où cette autre question qui me taraude. N'y-a-t-il pas eu erreur d'aiguillage. Je ne suis pas en rééducation après une vilaine fracture mais pour une "entorse" au cervelet. Ce qui est tout autre chose !

Cette première séance de kinésithérapie n'excède pas une heure. Elle est axée sur la présentation. Mon instabilité est difficile à expliquer aux différents membres du corps médical. Je redoute d'être incompris ; mon élocution n'arrangeant rien. Je veux bien sûr remarcher, retrouver l'équilibre, faire disparaître ces tremblements qui me pourrissent la vie. Ces différents troubles sont décuplés par l'instabilité continuelle que même une kinésithérapeute ne peut faire disparaître. Je suis un peu déçu : elle ne semble pas vouloir approfondir ce critère, pourtant très handicapant. Plus tard, je revivrai cette même désillusion.

De retour dans ma chambre, je patiente, très fatigué, une petite heure. 11 heures 30, une aide-soignante m'emmène au réfectoire, situé au même étage. À la différence du matin et du soir, le déjeuner est pris en commun. Une nouveauté. La peur de ne pas savoir me débrouiller me stresse. Et si les autres pensionnaires n'avaient d'yeux que pour mes gestes désarticulés. La honte…

Le réfectoire me déconcerte. Il y règne un bruit assourdissant auquel je ne suis plus habitué. Les couverts qui s'entrechoquent, les patients qui parlent entre eux… Et surtout cette désagréable impression d'être dévisagé : « *Tiens un nouveau. D'où vient-il ? Il paraît bien jeune celui-là.* » Rondes, les tables accueillent quatre personnes. À celle où l'on m'installe, il y a déjà deux femmes et un homme assez âgés. Comment vais-je pouvoir manger seul au milieu d'elles ? Couper ma viande, prendre mon verre, mettre ma serviette, porter les aliments à la bouche m'est impossible. Des craintes qui s'estompent. Le personnel est là pour cela, prêt à intervenir dans la seconde.

Depuis quatre mois, "taper la discute" surtout avec des inconnus ne fait plus partie de mon quotidien. Ce premier repas, gêné par mon élocution décousue, je reste muet. Les jours suivants, je serai plus prolixe. Mais jamais trop. Le vacarme ambiant, ma vision étrange, ma discrétion naturelle, la hantise d'être obligé de répéter font que j'économiserai toujours mes propos.

Avant la fin de la première semaine qui suit mon admission, la place au réfectoire me sera désormais attitrée. Mes voisins, toujours les mêmes, sont généralement attablés lorsque j'arrive. J'ai le sentiment d'être constamment en retard. On me scrute, on guette le moindre de mes gestes. Je n'aime pas.

L'homme en face de moi n'est guère intéressant. La vieille dame, sur ma gauche, ne parle pas. Et quand elle s'exprime, je n'entends pas. Sa voix est faible et mon audition mauvaise. Avec la femme assise à ma droite, la discussion est plus aisée. Nous parlons de tout et de rien, surtout de nos galères qui sont si différentes. Je ne suis pas certain qu'elle saisisse la mienne. Qu'importe, nous nous réconfortons ainsi. Qu'est-elle devenue ? Je ne sais. Elle devait quitter le centre bien avant moi.

Pour l'heure, ce premier repas pris au réfectoire dure environ trois quart d'heure. Comme ceux qui suivront. De retour à la chambre, je suis si épuisé que je m'endors de suite. Comme en pleine nuit ! Une fatigue inexplicable. J'éprouve un besoin impérieux de dormir. En manque d'énergie, je suis comme une pile complètement à plat. Comment la recharger autrement que par une sieste réparatrice ?

L'ergothérapie est au programme de l'après-midi. Jeune femme brune à lunettes et aux longs cheveux, Caroline est sympathique. Elle m'interroge sur les difficultés au quotidien. Elle souhaite avant tout déterminer ce qu'il m'est impossible de faire seul afin d'établir son programme.

Cette première séance s'achevant, elle me conduit dans la salle d'activité physique située juste à côté. Je doute à nouveau, ne comprenant pas comment je pourrai faire des étirements et des assouplissements, du vélo d'appartement, lancer des ballons alors que je suis vissé sur mon fauteuil.

En découvrant la salle, je constate mon erreur. Jeune, grand, Florian est un éducateur conciliant. D'entrée, il me précise la méthode. Des tests seront régulièrement réalisés pour cibler mes éventuels progrès et encore un peu plus les difficultés. À l'écouter, je suis tétanisé. Le test de la marche me panique déjà. Il me faudra parcourir le plus de distance possible en l'espace de six minutes. Sans doute, perçoit-il mon émoi. Il me rassure : cette "épreuve" n'est pas pour maintenant. D'ici là, nombre d'étapes sont à franchir.

Un autre test consistera à mesurer cet équilibre qui m'a abandonné. Je devrai me maintenir sur une plateforme électronique qui mesurera l'efficacité de la posture debout. Et cela, les yeux ouverts puis fermés. Vaste et inquiétant programme !

Le vendredi, surlendemain de mon arrivée, je fais connaissance avec la psychomotricienne. Son métier m'est inconnu. Blandine m'apprend qu'il s'agit d'une connaissance de son corps et d'une prise de conscience de chaque partie le constituant. Elle développe les effets bénéfiques que je peux en attendre. Un premier contact enrichissant. Sa gentillesse me met de suite à l'aise.

Elle m'inspire confiance comme tous les autres thérapeutes rencontrés depuis mon arrivée à Laval. Toujours soucieux et interrogatif sur mon devenir, j'attends maintenant que ce transfert se traduise par des résultats concrets, par des évolutions enfin notables.

Dès lundi, les choses sérieuses commencent. Je dois être d'attaque pour accepter le programme qui m'a été présenté jeudi et vendredi. L'instabilité permanente me préoccupe avant tout. J'aimerais tant qu'elle disparaisse. En attendant c'est repos dans ma chambre pendant deux jours, le centre de Laval ne prévoyant aucune activité le week-end. Ouf, j'ai besoin de dormir, de ne rien faire. De reprendre des forces.

*

*   *

Lors de mon admission, la médecin m'a prévenu. C'est elle qui délivre les autorisations de sortie de quarante-huit heures. Dans mon cas, cela n'est pas pour l'instant envisageable. Ses propos m'ont surpris ; n'ayant jamais songé retourner à la maison dans mon état. Je ne conçois qu'une sortie définitive, dès lors que je ne serai plus dépendant de personne. Si cela procurerait une immense joie pour Audrey, je n'imagine pas qu'elle s'occupe de moi de A à Z pendant ces deux jours.

Pourtant, deux semaines après mon admission, l'opportunité se présente. La médecin m'autorise à rentrer. Je n'explose pas de joie. L'envie n'y est pas. Quatre mois se sont quasi écoulés depuis mon départ précipité le 18 décembre 2011. Un souvenir encore cuisant : la voiture qui prend la route du CHU, un regard furtif sur notre maison qui sort à peine de terre, un paysage déformé, des larmes et encore des larmes…

J'appréhende ce retour. D'autant plus que les trois semaines qui ont séparé mes deux hospitalisations à Angers m'ont traumatisé. Cette maison, notre "petit coin de paradis" n'est-elle pas aussi l'endroit où mon cauchemar a débuté ? Revivre ces journées m'effraie. La perspective de rentrer, ne serait-ce que deux jours, ne suscite aucun bonheur. Je suis déterminé à refuser la proposition du médecin. Sous son influence et celle de mon entourage, j'accepte.

L'ambulance me récupère le vendredi soir vers 19 heures. Mon sac est prêt. Mon repas déjà pris. Avant de partir, m'est remis un pilulier avec les médicaments pour deux jours et un document où je consignerai le déroulement du week-end, mes craintes, mes difficultés. Bien sûr, on me laisse le fauteuil roulant… Matériellement, je suis paré. Psychologiquement, je suis sur le qui-vive.

Le voyage se déroule plutôt bien. Je m'efforce de garder la tête bien droite et de fixer un point précis pour ressentir le moins possible les secousses. À tout moment, elles peuvent "faire chavirer" le liquide qui se ballade à l'intérieur de ma tête prête à exploser au moindre choc. Ce n'est pas de la nitroglycérine mais presque !

Après une heure de trajet, nous ne sommes déjà plus qu'à quelques kilomètres de la maison. À travers, la vitre, je distingue la forêt, des champs et même quelques vaches. Ma vue est toujours floue mais moins qu'il y a quelques semaines. Un premier signe de progrès ? Quelques instants, je me surprends à espérer.

Encore deux ou trois virages, notamment celui en épingle à cheveux et déjà l'ambulance bifurque sur le chemin en cul de sac qui mène à l'exploitation et à quatre maisons. Dans ce hameau résident trois voisins, mes beaux-parents et nous.

Dans la cour, Audrey m'attend. Avec l'ambulancier, elle sort mes affaires et le fauteuil. Ému et tendu, je demeure silencieux. Enfin installé dans le canapé de la pièce de séjour, mon premier regard, à travers la baie vitrée, est pour le bois distant de deux cents mètres.

Il y quatre mois, avant mon admission au CHU d'Angers, ce bois était mon point de repère, le baromètre à partir duquel je mesurais, jour après jour, la détérioration progressive de ma vision. En cette fin d'après-midi, les arbres sont toujours comme secoués par une violente tempête. Je dois encore me concentrer à l'extrême pour éviter que mes yeux courent de droite à gauche, de haut en bas, de manière incontrôlée. Mais je n'ai plus vraiment peur. Un second signe positif après celui ressenti dans l'ambulance.

Fatigué, je me couche rapidement. M'allonger sur mon

propre matelas et reposer ma tête sur mon oreiller me procurent un réel plaisir. Joie contrariée par la persistance des vertiges. Ma tête doit absolument être surélevée. Deux oreillers ne sont pas de trop. Cette première soirée me persuade que mon retour définitif n'est pas pour demain. Cette permission est une bouffée d'air. Rien d'autre.

Le lendemain au réveil, lorsqu'Audrey ouvre les volets, ma mauvaise vision balaie aussitôt la lampe suspendue au-dessus du lit, l'angle du mur sur la droite au-dessus de la porte et enfin la fenêtre. Le scénario quotidien des trois semaines entre les deux hospitalisations se répète.

Je veux savoir où j'en suis. Ce rituel effectué, je m'efforçais de déchiffrer – c'est le mot – mon radio réveil digital. Amer déception : les matins se succédaient et je voyais toujours en double et en décalé. Lorsqu'il était 10 heures, je lisais 1000 : : 0000 au lieu de 10 : 00.

En ce samedi de printemps, rien n'a véritablement évolué. Le léger mieux constaté hier à mon arrivée n'est-il qu'illusion ? Je ne sais… Toujours est-il que je préfère ne pas aborder le sujet avec Audrey et garder cette déception pour moi.

D'ailleurs, pourquoi gâcher la fête de ce premier week-end à Senonnes, d'autant que c'est l'anniversaire d'Audrey ? Un hasard très symbolique… Cette sortie est pour elle un énorme "cadeau surprise". Imprévue il y a encore quelques jours, ma présence est ce qu'il y a de plus cher à ses yeux. J'y mets du mien même si l'ambiance n'est pas forcément au rendez-vous.

Désireux de faire comme avant, de lui montrer que je ne suis pas totalement perdu, que je suis encore capable d'exprimer un sentiment, je m'enhardis à vouloir lui offrir un bracelet. En début d'après-midi, nous partons sous la pluie pour La Guerche-de-Bretagne. Ayant effectué quelques pas avec ma béquille à Angers, ainsi qu'à Laval lors des premières séances de kinésithérapie, je me risque à me passer de mon fauteuil.

Audrey stationne la voiture près de la bijouterie. D'un coup, je suis désorienté. Que fais-je là ? Dans cette ville ? Pourquoi affronter le regard des autres ? Et la commerçante, comme va-t-elle me dévisager lorsque je franchirai la porte de sa boutique ? Qu'elle m'assaille de questions me terrorise déjà. Paniqué, je n'ai plus qu'une hâte, regagner au plus vite la maison.

Nous ne nous attardons pas dans le magasin. Le choix arrêté, nous repartons aussitôt pour Senonnes. Mon sentiment est partagé. Ce bracelet ne remplace certes pas la guérison. Mais pour la première fois depuis des lustres, j'ai accompli un acte dit… normal. Et si à l'avenir, je multiplie ces sorties, je serai à chaque fois confronté aux mêmes difficultés et à la même appréhension. Je devrai m'y faire.

Audrey souhaitant profiter au maximum de ces quarante-huit heures, me reconduit au centre à la place de l'ambulance. Vers 19 heures en ce dimanche soir, je réintègre ma chambre. Mes vêtements rangés, la séparation est dure. À travers la baie vitrée qui surplombe le parking, j'esquisse un au revoir empreint d'une grande tristesse.

En regagnant mon lit, désespoir et incertitudes m'accompagnent.

*

* *

En fait, tout au long de ce week-end à Senonnes, je n'ai, comme à l'hôpital et au centre, cessé de me tester. De m'autotester. Pour me rassurer, encore et toujours. Une obsession. Mesurer par moi-même (et comme je peux) l'évolution de mon mal me taraude.

Désormais, au réveil, mon premier réflexe est d'attraper mon bloc-notes acheté à ma demande par Audrey. Je poursuis un rêve secret : m'en saisir sans difficulté, écrire naturellement, sans douleur, sans saccade, sans trembler. Et appeler aussitôt Audrey pour partager mon bonheur, pour qu'elle passe de suite me chercher, le cauchemar étant terminé. Derrière nous à jamais. Un scénario décidemment pas à l'ordre du jour. Chaque matin, ce bloc-notes me le rappelle cruellement. Deux ou trois lignes tremblotantes suffisent à rendre insupportable la douleur dans la main et le poignet. Mon écriture demeure illisible (ci-dessous). Qu'importe, je tiens à cet exercice quotidien. Demain, après-demain, chaque jour, je recommencerai.

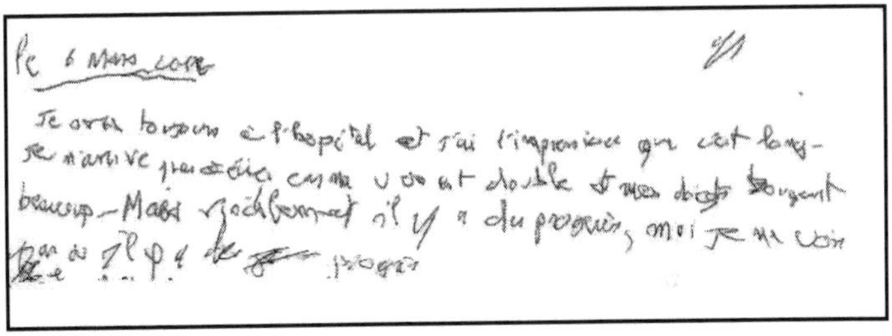

Exercice suivant et tout aussi rituel : allumer la télé pour évaluer mon instabilité. En général BFM TV. Ce qui se dit ne me préoccupe pas. Je n'ai qu'un souci : est-ce que je distingue ou pas le bandeau qui défile en continu en bas sur l'écran ? Loupé ! Les mots courent toujours trop vite. Et les images ? Ce n'est pas mieux. Elles demeurent obstinément floues. Épuisé, lassé, je préfère reposer le bloc-notes, éteindre le petit écran et somnoler jusqu'au petit-déjeuner.

Les premiers matins au centre de Laval, les aides-soignantes me coupent le pain, me beurrent mes tartines… Après, je me débrouille seul. Ce n'est toujours pas évident. Mais le stress d'Angers m'a abandonné. Je sais qu'ici, le personnel se tient prêt à intervenir à chaque instant. Effectivement, je les dérange encore fréquemment.

La douche quotidienne m'angoisse toujours. Au début, les aides-soignantes sont constamment présentes. Bientôt, je demande à la prendre seul. Cette initiative surprend le personnel qui reste vigilant. En fait, là encore un même souci me poursuit : me rassurer sur l'évolution de certaines facultés que je crois perdues définitivement.

Cette douche est un parcours du combattant. Mais je veux tant réussir. La porte de ma chambre reste ouverte au cas où… Assis sur mon fauteuil roulant, je prends d'abord mes marques, évalue la distance entre la chaise de douche et le lavabo, localise les barres, mon gant de toilette et mon gel, vérifie que ma serviette n'est pas trop éloignée afin de l'attraper directement. Une préparation minutieuse.

La première douche prise seul tient du numéro… d'équilibriste. Plus d'une fois, je reprends mon souffle, lève la tête pour mieux analyser ce qui se passe. Plus ou moins bien lavé – ce n'est pas l'important –, cramponné sur ma chaise, je saisis maladroitement mon fauteuil. Je m'approche alors du lavabo, m'agrippe aux rebords comme un trapéziste qui saisit en vol sa barre.

Il est hors de question que je me rate : aucun “filet” n'amortira ma chute. Me voilà enfin et difficilement debout devant le lavabo. Pas longtemps. Mes jambes ne supportent plus mon corps. La situation est périlleuse, instable. Prudent, j'achève ma toilette assis sur mon fauteuil. Je me concentre ensuite pour mettre le dentifrice. Un jeu de… hasard. Tant mieux si j'ai bien visé et qu'il tombe sur les poils de ma brosse à dents, sinon je recommence. C'est trop souvent le cas ; l'aide-soignante intervient alors.

L'habillage demeure une corvée. Mettre seul mes chaussettes, mes chaussures, faire mes lacets… m'est toujours impossible. Enfiler le pantalon ou le pull est certains jours plus simple. Au besoin, j'appelle encore le personnel. Très souvent, je suis à peine prêt quand Christophe, le brancardier, me conduit aux différentes séances de rééducation programmées dans la journée.

Ces exercices que je m'impose ainsi ne me font pas que du bien. Parfois, j'ai la terrible impression de reculer. Je panique : mes capacités ont-elles encore diminué ? En suis-je revenu au stade où j'étais à Angers ? Alors, j'ai honte de solliciter une nouvelle fois le personnel. Je supporte pourtant de moins en moins la dépendance des autres. Mais je n'ai pas le choix. Il faut bien me sortir de la douche !

Je m'y résous encore un peu plus : ces "bas", ces jours sans, ces séquelles font partie de la maladie et de son évolution quotidienne.

*

* *

Progrès. Je réussis enfin à faire rouler seul mon fauteuil. D'un coup… de roue, je suis plus libre. Plus indépendant. Depuis cinq mois, Il est mon compagnon de galère. Le guider, me déplacer sans aucun soutien est un plaisir – et oui ! – inconnu.

Dès lors, je me rends seul aux séances ; notamment de kinésithérapie. Une thérapie essentielle. J'y travaille principalement l'équilibre. Les barres parallèles sont mon quotidien. La thérapeute dispose des obstacles d'une quinzaine de centimètres de hauteur au milieu de ces barres. Je les gravis en tenant de la main droite (celle qui a perdu toute coordination), un cône sur lequel a été placée… une balle de tennis. Celle-ci ne cesse de tomber. Je tremble encore trop.

La kiné s'efforce de faciliter cet exercice en installant une grande glace au bout de ces barres. Sans succès. Car je ne discerne toujours pas mon corps complètement désarticulé ; un symptôme que la kinésithérapeute ne prend probablement pas assez en considération. Ce n'est qu'un avis… Quoiqu'il en soit, ma satisfaction reste mesurée. Si je parviens parfois à franchir les obstacles ou à éviter que la balle ne roule à terre, réussir les deux à la fois reste du domaine du fantasme.

En fin de séance, je marche sur une ligne. Enfin, j'essaie. Tel un funambule, je me concentre en la fixant. Ce “numéro de cirque” s'avère redoutable. Je n'avance pas au hasard, mais presque. Sans arrêt, je perds l'équilibre. Bientôt, je suis comme une marionnette empêtrée dans ses fils. Un spectacle pitoyable, dramatique. Mes nerfs sont à vifs. Tenir, ne pas renoncer exige une bonne dose de mental.

Ces difficultés souvent insurmontables, ces échecs répétés suscitent parfois un désespérant ras-le-bol. Lorsque je pénètre dans la salle, je suis inquiet. Il y a moi qui n'y arrive pas et il y a les autres qui affichent des réels progrès nets.

Je m'interroge. La question est toujours la même que lors de mon transfert : suis-je à ma place dans le centre ? Les exercices proposés me conviennent-ils ? Sont-ils susceptibles de me faire progresser ? Servent-ils à quelque chose ? Exaspérant.

Un après-midi, je craque. Une fois de plus, j'ai échoué. Je n'ai pas été capable de récupérer la balle de tennis lancée contre un mur. La raison ? M'assurer de sa trajectoire m'est toujours aussi complexe. Et plus je la ramasse à terre, plus je retente l'exercice, plus je me fatigue, plus je m'énerve. La colère m'emporte.

Une autre kiné du service intervient aussitôt. M'indiquant une chaise, elle me prie de reprendre mon souffle. Celle qui s'occupe de moi depuis des semaines est visiblement à bout. Décontenancée par ma réaction, elle me prévient qu'elle ne travaillera plus avec moi et tourne les talons. Assis sur la chaise, le regard vague, la tristesse m'accable. Pourquoi ? Pourquoi ? Je quitte la salle, avec la ferme volonté de ne plus y retourner.

Quelques jours plus tard, ma colère s'est atténuée. De retour, j'évite de faire paraître mon désarroi. Professionnelle, la kiné évite d'évoquer l'incident. Mais, dès lors, jamais elle n'omet de m'interroger sur ma forme du jour. Histoire sans doute de me mettre face à mes responsabilités. Jamais plus, je ne dois m'énerver, perdre mon calme si je veux progresser sereinement. Et Dieu sait si j'ai besoin de sérénité.

Chance, mes séances d'ergothérapie donnent de meilleurs résultats. Je me maîtrise mieux. La raison tient pour une part à la qualité du contact que j'ai avec Caroline. Je suis plus à l'aise qu'avec la kiné. Elle m'explique bien mes difficultés, les écoute et les interprète efficacement. Le ressenti qu'elle a de moi m'apparaît très cohérent. Nous sommes quasi en symbiose.

Avec Caroline, je prépare aussi l'arrivée de notre enfant. Je vais devoir m'en occuper, épauler Audrey qui sera prise par le travail à la ferme. Les exercices sont principalement axés sur la coordination de ma main et de mon bras droit. Pour cela, je manipule des jeux en bois, de la ficelle, des bouliers, de la pâte à modeler… Objectif : améliorer autant que faire se peut la précision de mes gestes.

Je dois me rendre à l'évidence. Jamais, je ne serai le père que tout nouveau-né est en droit d'attendre. Pourtant, je dois être capable de répondre à un minimum d'exigences : le porter, l'habiller, lui donner le biberon… L'ergothérapeute me délivre quelques astuces pour contourner mes handicaps.

Pour les expérimenter, elle apporte même de chez elle un baigneur ! Un support de bureau transformé en table à langer, elle m'initie aux tâches que j'aurai à accomplir. Mon cervelet ne me permet plus d'appréhender le poids du poupon. J'ai le sentiment qu'il pèse une tonne. Comme les vêtements avec lesquels je dois l'habiller. C'est un supplice tant mes gestes sont brusques, désordonnés. La poupée n'est plus qu'un pantin désarticulé.

Dans les moments de répit, assis sur ma chaise, Caroline a beau m'encourager, je m'interroge. Répéter ces tâches plusieurs fois dans la journée me paraît inenvisageable. D'autant que la naissance est pour dans trois mois ! Cette échéance m'angoisse. Il m'est encore si difficile de lutter contre des réflexes incontrôlés, des mouvements mal coordonnés, des tremblements toujours persistants.

Ma femme assiste à une de ces séances. L'ergothérapeute estime qu'elle doit connaître mon niveau de… "débrouillardise". Il faut qu'elle mesure si je peux ou non m'occuper de notre futur enfant.

Cette initiative est bénéfique. Au cours de la discussion qui s'engage entre nous trois, je prends enfin conscience de mon rôle de futur père, qu'il me faut endosser le costume comme on dit. Mes pensées étant uniquement accaparées par la maladie depuis novembre, je ne m'y suis pas préparé. Pas du tout. Cette étape, il me faut la franchir sans encombre, la vivre pleinement. La réflexion suscitée par l'ergothérapeute est essentielle vu mon handicap.

Une angoisse – une de plus –, me torture. Comment devenir père avec un syndrome cérébelleux ? Ma réponse est depuis mon hospitalisation catégorique : on ne peut pas. Ce n'est pas un manque de volonté, simplement un constat. J'ai suffisamment les idées claires pour savoir que je n'y arriverai pas.

Grâce au travail effectué avec Caroline, j'évolue. Elle m'apprend à envisager et à contourner les difficultés auxquelles je serai confronté après la naissance. Ses interventions me sont bénéfiques. D'autant que cette naissance fait aussi que je ne baisse pas définitivement les bras. Depuis déjà plusieurs semaines, je m'y raccroche.

Certes, la grossesse d'Audrey est survenue au plus mauvais moment. Juste avant ma première hospitalisation. Mais sans cette perspective, je ne serai déjà plus de ce monde. J'en suis persuadé. Cet heureux événement contribue à ce que je prenne le dessus sur la maladie qui me cloue sur un lit depuis cinq mois.

Outre la kinésithérapie et l'ergothérapie, les exercices en activité physique sont également à mon programme de rééducation. Mon corps a perdu toute élasticité, mes muscles ne répondent plus vraiment. Je n'ai plus de résistance, ni aucune notion de force. Forcément, on ne "remuscle" pas un cervelet, surtout quand des cellules sont définitivement mortes. Alors à quoi bon ?

Florian, l'un des rééducateurs, gomme cette appréhension. Il a quelques "outils" pour cela. Le vélo d'appartement en est un. Une fois dessus, il me cale les pieds, détermine la résistance et le temps. Les premiers coups de pédales s'avèrent périlleux. Plus la cadence s'élève, plus l'instabilité augmente. Ma jambe gauche travaille trop ; la droite ayant tendance à s'emballer. Mon instabilité s'accentue, mes vertiges redoublent. Comment faire sinon fixer obstinément le compteur du vélo ? Dix minutes suffisent à m'épuiser. Un court répit et je passe déjà à l'exercice suivant. Florian me prépare un petit parcours de trois ou quatre mètres à effectuer avec des plots et des cerceaux. Il me cramponne le bras au cas où je chuterais. Parfois, je me débrouille à peu près, parfois pas. Alors, il n'insiste pas. Ce sera mieux la prochaine fois.

Au fil des séances, l'exercice se complique. Normal, je progresse. Désormais, j'ai entre les mains un ballon de basket à lancer dans un panier installé à deux pas de moi seulement. Fixé à mi-hauteur, il est assez large pour réceptionner deux balles à la fois. Cela paraît si facile.

Mes multiples tentatives ne sont pas couronnées de succès. J'échoue encore et toujours. La faute à mes mains qui tremblent, à ce panier décidemment trop éloigné, à mes gestes désordonnés... Pourtant, je suis si concentré. Avec patience et pédagogie, Florian me réapprend à expédier un ballon, à positionner correctement mon bras, à recontrôler ma force. Ces échecs répétitifs m'irritent. Louper cette "cible" m'agace. Mes nerfs sont à rude épreuve. Je dois me maîtriser, garder mon calme afin d'éviter la fâcheuse expérience vécue en kinésithérapie...

Un autre exercice, maintenir une balle sur une raquette de tennis de table, s'avère tout aussi pénible. Le réussir tient pour moi du hasard. Mes premiers essais n'excèdent pas... une ou deux secondes. Gérer ma position debout, fixer la balle, éviter qu'elle ne chute : trois efforts à la fois ! C'est dur, trop dur. Florian est systématiquement à mes côtés pour surveiller la précarité de mon équilibre. Il est prêt à intervenir.

M'améliorant, Florian passe à l'étape supérieure, corse le "jeu". La balle doit désormais rebondir. Combien de séances sont nécessaires pour y parvenir ? Beaucoup, beaucoup…

J'utilise également la Wii lorsque je suis suffisamment en forme. Cette console de jeux vidéo est censée améliorer la coordination et la précision de mes gestes. Je “joue” au golf et au tennis. Mes mouvements sont si amples et imprécis que personne, pas même Florian, ne… s'aventure à mes côtés. Inutile d'essuyer des coups ! Je suis très concentré afin que ma main droite soit la plus naturelle possible. Souvent, je ne prolonge pas ; tenir la manette suscite toujours des douleurs violentes au poignet.

Le temps passant, grâce à Florian je reprends un minimum de confiance. Il me redonne l'envie d'y croire. Même si le trouble persistant de ma vision n'arrange rien, les progrès restent chaotiques. Un jour avec, un jour sans…

Depuis mon admission à Laval, je travaille des facultés que mon cervelet n'est plus en mesure de stimuler. D'autres neurones doivent être “réveillés”. Des exercices au long cours. Mon cerveau doit assumer le relai du cervelet. Je lui apprends, et non lui réapprends, certains gestes.

Blandine est psychomotricienne. Ses séances sont axées sur la sensation du corps dans l'espace et la relaxation. Les yeux fermés, en position quasi allongée (et non allongée à cause de mes “trous noirs”), l'écoutant attentivement, je me concentre sur la nuque, les bras, les jambes, le bassin, le dos… en fonction de ses indications. N'étant plus maître de mes faits et gestes depuis plus de cinq mois, j'ai l'impression d'avoir un corps étranger à l'intérieur de moi.

Une sensation encore plus accentuée dès qu'avec Blandine l'on “travaille” mon côté droit, le bras ou la jambe. Des décharges électriques immaîtrisables me secouent. Les tensions sont parfois si fortes que maintenir mon bras droit sur l'accoudoir est inenvisageable. Objectif : évacuer le stress et la tension accumulée, reprendre petit à petit le dessus sur les tremblements qui se sont emparés de moi.

Rome ne s'étant pas fait en un jour, plusieurs semaines s'écoulent avant que je ne décèle les prémices d'une amélioration. Je finis par poser ma main à l'endroit souhaité. Certes, la "trajectoire" pour y arriver demeure incertaine et laborieuse mais c'est un progrès. Bientôt, après moult "casses", je parviens à me saisir d'un verre, d'un crayon. Un exploit qui, comme les autres, nécessite calme, zenitude et concentration extrême. Sinon, échec garanti.

Autre handicap : mon élocution qui demeure désespérément défaillante. Elle s'est considérablement détériorée depuis les premiers jours de mon hospitalisation à Angers. Je souffre de ne pas me faire comprendre.

J'en viens à regretter les premiers symptômes, lorsque j'écorchais simplement les mots se terminant par la prononciation "r" (lire, écrire, courir.) suscitant les regards amusés de mon entourage. C'est déjà si loin. Parler est un supplice. L'orthophoniste est là pour y remédier. Si elle ne promet pas de miracle, elle fera de son mieux, m'assure-t-elle lors du premier rendez-vous. La réussite dépend aussi beaucoup de moi. Si j'ai la niaque, la volonté… Et la patience. Aligner enfin trois mots correctement, après maints et maints exercices, me réconforte, replace de suite le curseur du moral à la hausse. Je suis rassuré : un jour mes interlocuteurs ne répondront plus à mes propos par des sourires polis empreints de mansuétude.

Des séances d'orthoptie sont également prescrites. Objectif : mieux appréhender mes difficultés visuelles, corriger, autant que faire se peut, les déficiences. J'en attends beaucoup. Cette vision qui ne s'améliore toujours pas me… plombe.

Les rendez-vous se déroulent dans un cabinet libéral, installé au centre de Laval, à quatre ou cinq kilomètres du centre de rééducation. En général, le mardi après-midi. Une ambulance m'y conduit. Le premier contact est bon. Accueillante et disponible, l'orthoptiste saisit de suite que mon cas n'est pas ordinaire. Elle mesure combien mon instabilité est très prononcée du côté droit. Mon œil oscille involontairement de façon rapide et saccadé. Le nystagmus qu'elle évoque s'avère très invalidant depuis des mois. La coordination des muscles de l'œil est perturbée ; le cervelet n'opérant plus aucune connexion.

Conséquence : plus mon regard se porte sur la droite, plus les vertiges redoublent. Pour l'orthoptiste le cervelet est la cause de cette vision instable. Il ne la commande pas comme avant. Là aussi, le travail pour y remédier s'annonce long et fastidieux.

Les séances se succèdent…

*

*   *

Dans ce tourbillon d'incertitudes, j'apprécie les venues de ma famille et de mes amis après les exercices journaliers. Parfois, comme à Angers, je n'ai pas le cœur à les recevoir. La faute au moral et à la fatigue. Suivre une conversation, m'intéresser à leurs propos est alors proprement impossible. Mes interlocuteurs s'en aperçoivent. Ils s'efforcent de relancer la "machine" par quelques phrases encourageantes. J'acquiesce, souris, donne le change. J'essaie ainsi de chasser mes idées noires. Parfois, c'en est trop. Alors, je fonds en larmes. Comme dans la chambre 254.

Audrey s'investit toujours autant pour établir ce planning

aussi précis et régulier que possible. Son souci est que je ne sois jamais seul en fin d'après-midi. Elle aménage aussi son emploi du temps. Jongler entre son job d'agricultrice, les visites à l'hôpital, les affaires quotidiennes et surtout sa grossesse s'avère de moins en moins évident. Comme lorsque j'étais au CHU, elle affronte avec amour et patience mes sautes d'humeur, mes propos sans illusion, mes remarques acerbes lorsque je lui évoque combien m'insupporte certains encouragements alors que mes progrès sont si minimes.

Avec mes proches, notre sortie quotidienne nous mène à la cafétéria du centre hospitalier qui est immédiatement voisin. Inutile de passer par l'extérieur, il suffit d'emprunter une passerelle. Pratique. Bientôt, je troque mon fauteuil pour une béquille. C'est parfois périlleux, instable mais je suis tellement heureux de retrouver ainsi un semblant de liberté.

Sympathiques, les serveuses me sont familières. Chaque jour, elles s'informent de mon état. Même formule, même phrase : « *Il n'y a pas de raison que cela ne s'améliore pas.* » Je leur commande un soda à l'orange, cela change du Twix et du jus de pomme d'Angers. Un signe de renouveau ? Pas encore. Face à mon verre, seul ou accompagné, souvent dubitatif, perdu dans mes pensées, j'écoute sans écouter. Ce qu'on me raconte ne m'intéresse pas vraiment. Et dès que je prends la parole, je crains d'effrayer mes voisins de table. Surtout Audrey qui, jour après jour, fait le maximum.

Ma mère passe en général vers 16 heures 30, après la dernière séance inscrite au programme quotidien. Son regard est plus apaisé qu'à Angers. Elle perçoit l'évolution, si infime soit-elle. Je ne suis plus l'agonisant que j'étais il y a encore quelques semaines. Nous échangeons quelques mots, marchons dans les couloirs… Tant que l'on n'évoque pas ma santé je suis d'humeur égale. Dès que le sujet revient sur le tapis, je m'énerve. Alors, elle évite. Elle redoute de subir mes colères contre cette maladie, contre moi-même.

Parfois, comme à la salle de kiné, je m'emporte. Souvent pour un motif anecdotique. Assis à la cafétéria, je parle si fort, que tout le monde s'en aperçoit. Gêne. Mon langage et la tonalité de ma voix trahissent mon ras le bol que l'amélioration promise tarde tant. À mes côtés, Maman est en larmes. Je suis si triste pour elle. Voir son fils dans cet état lui fend le cœur. Comme Audrey, elle est victime de cette colère noire.

*

* *

C'est désormais habituel. Chaque vendredi soir, l'ambulance me conduit à Senonnes. Mon enthousiasme reste mesuré. Quarante-huit heures de bonheur et de partage souvent gâchées par mes emportements. Comme à Laval, je m'insurge contre tout et n'importe quoi, surtout contre ce fichu cervelet.

Bien souvent, je ne me contrôle plus, prononce des mots très éloignés de ma personnalité réelle. Pourtant, au cours de ces deux jours à la maison, j'aimerai tant épauler plus Audrey. Impossible. Elle pâtit de cette impuissance. Avec agressivité, je demande juste qu'elle me comprenne. Je la supplie de me sortir de cette galère pour enfin la rendre heureuse.

En fait, j'ai la fâcheuse tendance à répéter ce que je lui disais déjà à Angers. Les anxiolytiques, les antidépresseurs, les séances avec la psychologue n'éliminent pas cette irritation qui m'empoisonne. Sans doute, l'atténuent-ils un peu. Heureusement pour notre couple et le bébé qu'Audrey porte encore quelques semaines.

* * *

Au centre, longtemps je suis resté silencieux. Plongé dans un monde à part depuis la fin 2011, je n'éprouve pas le besoin d'engager la conversation, d'échanger sur nos maladies. Ma maladie peu ordinaire fait de moi un étranger. Un statut peu enviable que j'accepte et auquel je me suis habitué. Et puis, et puis… les langues se délient. Je consens à quitter ma bulle. Au déjeuner, mon élocution étant meilleure, je me risque. Certes, ces discussions avec les "handicapés de la vie" dont je fais partie, ne m'enthousiasment pas plus que cela. Je m'y résous.

Mes voisins de table sont souvent âgés. Leurs personnalités sont différentes, leurs maux également. Une dame me raconte en boucle l'histoire de son pied cassé. Je la connais par cœur. Son "pépin" me paraît insignifiant par rapport à l'état de mon cervelet.

Certains patients sont avares de propos. Comme moi. D'autres, au contraire, sont excessifs, extrêmement bavards, à la limite du supportable. Pire, souvent ils sont inintéressants, parlent pour ne rien dire. D'ailleurs, je ne sais pas ce que je voudrais entendre. Vide d'émotions, incapable de partager les bons moments de la vie, ma tête n'est toujours que néant.

Au centre depuis quelque temps, un jeune patient m'étonne. Volubile, il assume ces soucis du moment avec beaucoup de légèreté. Une fracture au niveau du genou explique sa présence. Il souffre également d'un grave handicap depuis l'enfance. Son bras et sa main gauche ne réagissent pas normalement. « *Cela ne m'a jamais empêché de vivre. C'est comme ça. Je fais avec* », s'enflamme-t-il. Sa philosophie est peut-être la bonne. Elle ne colle pas avec la mienne. Pour l'heure, je ne suis pas prêt à entendre son discours.

*

* *

Décidément, évacuer totalement mes excès de surchauffe n'est pas encore d'actualité. Début avril, le jeudi précédent Pâques, je dérape sérieusement. Ce soir-là, Audrey est dans la chambre avec un de mes cousins. Sorti nauséeux de la séance d'orthoptie je suis très, très irritable. En fait, les quelques kilomètres effectués en ambulance pour se rendre au cabinet dans le centre de Laval l'expliquent. Comme le vendredi lorsque je rentre à maison, le moindre trajet provoque un besoin de vomir. Je ne supporte pas les virages et les ronds-points. Quelques médicaments m'ont été prescrits pour me soulager. Sans effets notables.

L'aide-soignante à qui, ce soir-là, je réclame un comprimé s'efforce de me convaincre que les exercices visuels sont à l'origine de mon état. Je ne suis pas d'accord, m'énerve, m'énerve d'autant qu'Audrey assiste silencieuse à cet échange animé. Cela ne fait qu'accroître mon agressivité. En ne prenant pas partie, elle se range du côté de l'agent hospitalier. Contre moi ! Bien entendu, j'ai tort.

Si Audrey se tait c'est uniquement parce qu'elle ne veut pas la contredire, jeter encore un peu plus d'huile sur le feu. La frustration m'envahit. Une fois de plus, je n'ai pas encore été compris. J'explose. Audrey, mon cousin, l'aide-soignante… Tout le monde en prend pour son grade.

La docteur accourt. Je parle si fort que le couloir est en "alerte". Vu mon état psychologique, elle me propose de ne pas rentrer à la maison vendredi soir. Contrariant, le week-end pascal est traditionnellement l'occasion de se retrouver en famille chez mes parents autour d'un bon repas. Je ne serai pas de la fête.

Dès le lendemain, un psychiatre me confirme qu'il est effectivement préférable que je ne quitte pas le centre. Il me prescrit provisoirement des antidépresseurs plus puissants. Je suis muet, figé sur mon fauteuil. Désespéré et déçu, je n'exprime aucune amertume. Ah quoi bon ?

Mes parents et mes beaux-parents se déplacent au centre le samedi après-midi. Avec précaution, ils me rappellent qu'Audrey, en aucun cas, ne peut être tenue pour responsable de la maladie. Je dois absolument cesser de m'emporter ainsi. Ils ont raison. Je sanglote. L'incompréhension me fait perdre pied. Cette "remise à plat" faite, le verre quotidien avalé à la cafétéria ne me sort pas pour autant de ma torpeur. Audrey passe le dimanche. La tension est quelque peu retombée ; les médocs sans doute. Si l'après-midi est calme, la soirée l'est moins. Faute d'améliorations, je me défoulerai encore contre Audrey ou d'autres. C'est certain.

Le lundi, les séances reprennent. Je maîtrise mes doutes, essaie de ne pas envisager l'avenir. Je n'accepte toujours pas l'idée d'être un jour "différent". Six mois se sont écoulés depuis le début de la maladie. Pourtant, je refuse toujours qu'on me colle l'étiquette de malade.

Surtout si elle s'accompagne de la mention "à perpétuité".

6.
Notre rayon de soleil

La naissance de notre enfant est prévue mi-juin. L'échéance approche à grands pas. Quelques jours avant, la directrice du centre m'accorde une sortie de… trois semaines. J'ai besoin de partager cette période, de vivre "en direct" et sur place cette arrivée si cruciale pour un futur père souffrant d'une maladie rare. Vivre : ce mot a depuis novembre pris une signification particulière. Il y a encore quelque temps, jamais je n'imaginais pouvoir être présent à la maternité. Même avec une béquille pour me déplacer.

Cette autorisation est un cadeau. Audrey traverse des mois de souffrance depuis qu'elle porte notre bébé. D'assister impuissante à la dégradation rapide de ma santé a bouleversé son quotidien. Elle affronte mes colères et mes peurs. Elle en bave !

Tous les deux jours, parfois chaque après-midi, elle est à mon chevet. Plus d'une heure de trajet ; deux heures aller-et-retour. Pour concilier travail et ces déplacements, elle commence sa journée très tôt à l'exploitation. Dans la chambre, elle n'a de cesse de me remonter le moral. Elle a hâte, répète-t-elle à l'envie, de me surprendre dans le jardin m'occupant de notre futur bébé ou me promenant avec lui sur les chemins qui bordent la ferme… Enceinte, jamais elle ne baisse les bras et n'abdique. Je devrais être fière d'Audrey mais, à l'écart dans mon centre, ai-je vraiment conscience des difficultés croissantes qu'elle endure, de son investissement exemplaire pour les surpasser ?

Pour la première fois depuis six mois, je m'apprête à passer trois semaines à Senonnes. Cette "perm" n'est pour moi que conditionnelle. Un répit. Je garde intact ma volonté d'aller de l'avant. L'heureux événement qui se présage ne saurait signer la fin de ma rééducation alors que je constate enfin de légers progrès. Pour l'heure, j'ai bien l'intention de mettre provisoirement de côté mon handicap – ou de faire du mieux possible. Objectif : savourer simplement la fête et assumer ma nouvelle responsabilité de père le plus normalement qu'il soit.

Les jours qui précèdent l'accouchement sont une révélation. Enfin, je redécouvre concrètement combien Audrey est vraiment forte, combien elle dégage l'énergie nécessaire pour aller au bout de sa grossesse tout en étant à l'exploitation à côté de son père. D'ailleurs, elle se donne encore à fond. Alors que moi, je fais ce que je peux. Si peu, comparé à elle.

Samedi 16 juin. Six heures du matin. Un coup de fil réveille mes beaux-parents. C'est le jour. Ils nous conduisent à la maternité. En route, ma belle-mère reçoit un appel. Sa mère est décédée quelques minutes auparavant. Victime d'un AVC, elle était hospitalisée depuis trois semaines dans l'établissement où est installée la maternité. À son âge, on ne se remet pas, ou très difficilement, d'un accident vasculaire cérébral.

Sentiment bizarre. Depuis la fenêtre de la salle où Audrey patiente, je devine son corps allongé sur un brancard et dissimulé sous un drap. Le corbillard s'avance. Une transmission de vie, tout un symbole. La grand-mère d'Audrey passe le flambeau à ce descendant qu'elle n'aura pu embrasser. Quelques heures ont manqué. Un être s'en va et un autre arrive. Cette interprétation de son départ adoucit notre tristesse.

Pressentant l'imminence de sa disparition, Audrey lui a révélé il y a quelques jours les prénoms que nous envisagions, que ce soit un garçon ou une fille. Cette nuit, elle nous a quittés sans doute apaisée de les connaître. D'être dans la confidence avant beaucoup d'autres.

Bien sûr, en cette matinée, Audrey nourrit des regrets. Elle aurait été fière de présenter à sa grand-mère notre bébé. Elle aurait profité comme il se doit de ce dernier et grand plaisir ; illustration que 2012 n'est pas qu'une année galère. Le destin en a voulu autrement.

*

* *

Tristan ne pointe son nez que dix heures après l'admission à la maternité. À 18 heures 06 exactement. Longtemps, bien avant ma maladie, nous avons réfléchi au prénom, hésité, tergiversé... Sans se décider. Même si le prénom de Tristan nous avait séduits.

Le livre offert par Audrey alors que je me désespérais au CHU d'Angers ne nous a pas plus éclairés. Notre choix restait campé sur Tristan.

J'assiste à la naissance. Verse une larme. Malgré mon état, je suis là à côté d'Audrey. Un cadeau du ciel. N'est-ce pas une formidable et inattendue récompense après ce que je subis ? Je devrais être mort. Le scénario contraire m'est offert : en cette fin d'après-midi, je suis dans une chambre de maternité avec ma femme et notre fils. Je lui donne même son biberon.

Les examens d'usage ne décèlent rien d'anormal. Tout va bien. Ouf ! Je suis soulagé. Cette appréhension liée à ce premier test de santé effectué sur Tristan ne m'a depuis jamais abandonné. Une crainte légitime : six ans après, je redoute toujours qu'on lui découvre la même maladie que moi ou qu'elle soit à l'origine d'éventuels maux.

Audrey étant à la maternité, je m'installe chez mes parents à Châteaubriant. Rester seul à Senonnes m'est impossible. Quelqu'un doit avoir… l'œil sur moi. Cette naissance les comble. En janvier et février, ils m'ont vu souffrir, ne plus croire à ma future condition de père, avoir peur de mourir. L'arrivée de Tristan et ma présence chez eux sont une délivrance, une quasi renaissance. Si ce bonheur inespéré ne clôt malheureusement pas mes soucis de santé, il réinsuffle au moins de la chaleur dans nos familles.

Dans la chambre d'Audrey, le va et vient est non-stop. C'est éprouvant. Je garde pour moi ma souffrance, veillant surtout à ne pas gâcher la joie profonde de ces visiteurs.

Comme d'habitude je suis d'humeur partagée. D'un côté, je sais qu'envisager l'avenir dans mon état m'est inconcevable. D'un autre, je savoure l'instant. Un bonheur unique.

Jeudi. Cinq jours après la naissance, mes beaux-parents nous ramènent à Senonnes. Sur le parking de la maternité, l'émotion est palpable. Je quitte mes parents chez qui j'ai séjourné. Ma mère est à la fois heureuse pour notre couple et inquiète de ma santé. Depuis toujours, cette femme simple place le bonheur de ses quatre garçons au-dessus de tout. Son enfance n'a pas été psychologiquement de tout repos.

D'où son comportement angoissé.

*

* *

À la maison, Audrey se dépense sans compter pour que Tristan me fatigue le moins possible. Comment la remercier ? Le moindre effort équivaut à soulever des montagnes. Je ne peux ni effectuer la moindre démarche administrative, ni prendre dans mes bras Tristan, encore moins déplacer son cosy.

J'essaie pourtant d'appliquer ce que j'ai appris en ergothérapie. Pas si simple ! Il ne s'agit plus d'un baigneur mais de mon enfant. Me refusant à prendre le moindre risque, je m'en tiens au strict minimum. À ce qui est dans mes cordes.

Ces trois semaines, hors du centre de Laval, s'avèrent une étape importante dans ma rééducation. Je ne vis plus mon handicap à l'hôpital mais chez nous. Avec les mêmes doutes, les mêmes impossibilités, le même ras-le-bol, le même épuisement…

Et désormais il y a Tristan. Il n'a pas lui aussi à subir mes tremblements et mes gestes incontrôlés. Il n'y est pour rien. J'angoisse de ne pas être à la hauteur. Je ne suis qu'un père handicapé incapable de soulever son enfant, de préparer ses biberons… Pendant ces quelques jours, j'épuise mon peu d'énergie à l'accueillir le mieux possible dans notre maison.

Dans Sa maison.

7.
L'hôpital de jour

Avant de reprendre le chemin du centre de rééducation de Laval, un rendez-vous m'attend. Je retourne au service neurologique d'Angers pour un test au synacthène.

Cet examen évalue le fonctionnement des glandes surrénales et mesure ainsi la quantité de cortisol. Depuis des mois, j'ai en effet "emmagasiné" un dosage important de corticoïdes. Ayant progressivement arrêté la cortisone, ce bilan révélera si mon organisme est en capacité de fabriquer naturellement les hormones indispensables.

Une hospitalisation d'un peu plus de vingt-quatre heures est prévue ; des prises de sang étant pratiquées régulièrement le matin au réveil pendant une heure trente environ. N'étant pas réputé douloureux ni dangereux, cet examen ne m'angoisse pas. Non, ce que je redoute c'est mon retour au CHU. Même pour une journée.

Direction l'infirmier du service. Constat immédiat : le couloir que j'empreinte est nettement plus… stable qu'il y a quatre mois. Ce n'est plus l'antichambre de la mort comme je le qualifiais. J'en profite pour saluer quelques agents. Ils sont heureux de me découvrir en meilleure forme que début mars. Je les reconnais tous. Ils sont comme les acteurs du film dramatique que j'aurai tourné cet hiver. Je tenais le rôle principal ; celui d'un homme meurtri dans sa chair. Ils papillonnaient autour de moi. Un plan étrange !

Ce come-back est particulier. Forcément. Le soir, je me tâte. L'envie de faire un tour dans la chambre 254 me tourmente. Saisissant ma béquille, je me dirige vers l'entrée du service neurologique, passe devant la douche.

La porte étant entrouverte j'aperçois le siège en plastique sur lequel je me suis épuisé… Je me surprends à être dans la situation d'un condamné à mort qui, par miracle, aurait échappé à la "radicalité" de la chaise électrique.

Plus loin, le brancard de douche en plastique de couleur bleu foncé est stationné sur le côté. Je l'évite. Le regarde à peine. J'ai la sensation cauchemardesque qu'il souhaite engager la conversation. Battant retraite, je regagne ma chambre sans même pousser jusqu'à la 254. L'escapade m'a traumatisé.

Assis sur mon fauteuil, je suis quasi apeuré, attendant le dîner. L'aide-soignante ne déroge pas à la règle. « *Avez-vous besoin d'aide ?* », me demande-t-elle. La question me libère de ma torpeur. Tout comme ma réponse : « *Non, ça va, je vais m'en sortir, merci bien.* » Lorsqu'elle referme doucement la porte, j'esquisse face à mon assiette une mimique de satisfaction. À destination de moi-même… C'est le premier repas au CHU que je prends seul.

Ce dîner ne me rassasie pas. Je n'ai pas abandonné l'idée de revoir la 254. Rebelote. Avec ma béquille, me voilà reparti. La chambre étant fermée, j'avise une chaise dans le couloir. Les souvenirs m'assaillent. Je profite, attends quelques minutes. Sans doute avec ce désir secret que la porte s'ouvre, que j'aperçoive ce lit de souffrance qui fut le mien pendant plus de trois mois. Elle reste close. C'est mieux ainsi. Si cela n'avait été le cas, je ne suis pas certain d'avoir eu le courage de risquer un regard. J'ai toujours peur. Alors, je regagne ma chambre et m'endort aussitôt.

En début de matinée, l'on me ponctionne plusieurs flacons de sang. Suffisant. Lorsque je quitte le CHU dans l'après-midi, de la cortisone m'est prescrite pour plusieurs mois. Il est trop tôt pour arrêter ce traitement.

Mon neurologue profite de mon déplacement pour faire le point. Pas une consultation approfondie, une simple visite. J'ai préparé plusieurs questions synthétisées afin de ne pas lui faire perdre de temps. Nous échangeons quelques minutes.

Ravi de me retrouver dans cet état, il me fait comprendre que je reviens de loin, de très loin. Les symptômes que je lui énumère peuvent être des séquelles de l'inflammation. Pour lui, déterminer précisément ce que mon corps sera ou pas en mesure de réapprendre est actuellement inenvisageable. Je dois continuer la rééducation. L'avenir nous en dira plus. Huit mois après le déclenchement de la maladie, la partie n'est pas gagnée.

Des prolongations s'annoncent.

*

* *

Début juillet, je reprends le chemin du centre de Laval. Les doutes que j'avais à mon arrivée en mars ont disparu. Désormais, j'en suis persuadé, c'est par ce centre que je peux et dois évoluer si je veux vivre comme avant ou quasiment comme. Ce n'est surtout pas le moment de renoncer.

Mon planning change. Je ne séjourne plus à la semaine. Je suis ce qu'on appelle en hôpital de jour avec un planning d'activités programmé sur trois ou quatre journées. Depuis la maison, le trajet en ambulance dure environ une heure et autant le soir ; l'occasion de sympathiser avec les chauffeurs mais également de souffler en rentrant.

Converser même "basiquement", s'ajoutant aux efforts du matin et de l'après-midi, m'épuise. Je pionce souvent dès la sortie de Laval. Et lorsque dans la cour de la maison, je quitte le véhicule, c'est pour m'allonger aussitôt dans mon lit et… dormir, dormir.

Le centre n'a plus de mystère pour moi. À force d'être attendu de salle en salle, j'en connais déjà tous les coins et recoins sauf… l'espace dédié aux patients de jour. Une infirmière me le fait visiter avant d'attaquer la première séance. L'orthophoniste, l'orthoptiste et la psychomotricienne continueront le travail entamé avec moi depuis mars.

Je suis conforté. Les compteurs ne sont pas remis à zéro. C'est une bonne chose. D'autres thérapeutes changent. Redoutant cette permutation, je suis nerveux. Encore une fois, il va falloir créer un climat de confiance avec la kinésithérapeute et l'ergothérapeute. Deux nouvelles.

Avec la première, je ne suis pas plus inquiet que cela. Les rapports entretenus avec la précédente étaient parfois tendus et émaillés d'incidents nuisant à ma rééducation. En juin, j'ai quitté le centre avec le sentiment de ne pas avoir optimisé au maximum les exercices proposés. Trois semaines plus tard, sa remplaçante changera-t-elle la donne ?

Elle m'inspire immédiatement confiance. Sympathique, à l'écoute, cette grande femme me tient d'entrée un discours à la fois rassurant et de vérité : « *On fera tout ce que l'on peut mais je ne vous garantis pas que tout reviendra à 100 % comme avant.* » Qu'importe, je suis prêt, impatient de me confronter à ses méthodes.

Et avec l'ergothérapeute ? Lors du rendez-vous préparatoire, je suis crispé. J'étais en phase avec Caroline ; le passage de témoin ne s'annonce pas évident. Erreur. Sandra est une professionnelle attentionnée. Elle analyse parfaitement mon moral. Sa capacité à déceler mes incertitudes et doutes m'étonne. Surtout, elle s'exprime avec moi comme je le souhaite depuis le début de mon hospitalisation.

Jusqu'à maintenant, j'ai éprouvé de la difficulté à interpréter le langage du corps médical. Longtemps, les mots et expressions comme ataxie, dysarthrie, réflexes ostéo-tendineux symétriques, réflexes photo moteurs directs et consensuels, hypoesthésie hémiface droite épicritique, diplopie cérébelleuse, hypotonie, dyscronométrie, adiadococinésie, dysphonie, lésion inflammatoire du système nerveux central, syndrome cérébelleux… n'ont eu pour moi aucune signification. Lorsqu'un médecin me les citait, je ne savais que répondre.

Avec Sandra c'est différent. Elle pose des termes compréhensibles sur mes maux et symptômes. J'en suis étonné. Enfin, quelqu'un qui saisit exactement mon ressenti. Avec elle, ce fossé entre ce que je ressens et ce que pensent les autres qui me perturbe depuis des mois, s'efface. Enfin. Mes préjugés levés, en confiance avec les nouveaux thérapeutes, je poursuis pendant l'été ma rééducation au rythme de quatre jours par semaine. Les progrès sont lents. Très lents. Étant tous les soirs à la maison confronté au monde réel, mes déficiences persistantes m'éclatent à la figure. Les beaux jours ne sont pas ceux envisagés… J'ai encore honte de mon élocution. Alors, j'évite de parler. Face aux autres, ma béquille et ma démarche titubante me gênent. L'instabilité est toujours en embuscade. Les personnes qui passent à la maison, me découvre souvent encore tremblant. Servir à boire, déboucher une bouteille n'est vraiment pas d'actualité. Le moral est en berne.

Cantonné à la maison, je me sens inutile. Parfois, je sors faire quelques pas. Trois ou quatre cents mètres, pas plus. Mon pied droit accroche. La coordination de mes jambes demeure incertaine. Alors, pourquoi insister ? Demain sera peut-être un autre jour. Un jour meilleur.

*

* *

Le jardin est en fleur. Les plantations effectuées l'été précédent avec Audrey et mes beaux-parents ont pris. Le printemps a fait son travail... Je reprends goût à cet environnement bucolique oublié depuis novembre.

Loi de la nature, les mauvaises herbes guettent. Elles s'attaquent déjà aux arbustes. Audrey me le fait remarquer. Je comprends le message : il est urgent de les arracher. Cette tâche me revient. En suis-je seulement capable ? J'hésite quelques jours. Et m'y attèle. J'enfile laborieusement ma cotte. Déjà épuisé sur ma chaise, j'envisage un instant de renoncer, reprends courage, attrape mes gants de jardinier et la binette. Échec. L'utiliser m'est impossible. Je ne frappe pas au bon endroit ni ne mesure la force des coups. Et pour cause, je ne fais toujours pas de différence entre casser un œuf sur le bord d'une poêle et enfoncer un clou avec un marteau. Gênant !

Pire, la douleur au poignet et à la main s'avère de suite violente. Passer d'un arbuste à l'autre est un calvaire. Seul, je suis coincé et impuissant. Il me faut plusieurs tentatives pour me relever. Debout, je n'ai qu'un souhait : que personne n'ait aperçu ma détresse, je serais pris pour un ivrogne. Dire qu'il y a une cinquantaine d'arbustes à éclaircir…

À la maison, effondré sur mon canapé, le regard vide, je n'accepte pas de ne pas en être capable. Je repars dans le jardin et inaugure une technique pour me déplacer d'une plante à l'autre. Je rampe sur les fesses. Le premier jour, j'en nettoie quatre ou cinq. Lentement, difficilement, patientant que mes tremblements diminuent pour attaquer le suivant. Rentrant de l'exploitation, Audrey découvre ce premier travail accompli. Elle est fière. Certainement plus que moi.

Ces tâches si difficiles à réussir, suscitent en moi des excès de colère. Hors de moi très vite, le seul remède est de marcher vers le bois. Assis sur un tronc d'arbre, je fais le vide et me cale. S'énerver ainsi épuise mes maigres ressources et empire les symptômes. Mes proches ne cessent d'ailleurs de me le répéter. Ils ont raison. Mais c'est encore trop souvent plus fort que moi.

Décidément, je reste déconnecté. L'euphorie des vacances et du temps estival m'échappe. Je ne la partage pas. Les mois passés, allongé sur mon lit d'hôpital, m'ont enseigné que tout le monde n'a pas droit au bonheur. Il s'est effacé de mon univers.

Ou plutôt, il se limite désormais au simple fait d'être vivant. Avant que la maladie me secoue, j'étais comme beaucoup sincèrement affecté lorsqu'un soudain ou récurrent problème de santé frappait un proche.

Désormais, la souffrance n'a plus du tout le même sens. Valide, on pense cerner celle des autres. Ce n'est pas vrai. Par expérience, je sais maintenant que se mettre à leur place est impossible.

La souffrance ne se comprend pas, elle se vit.

M'évertuer à l'expliquer à mes amis ou à des parents m'apparait de plus en plus vain. Je perds mon temps. Leurs encouragements sont si éloignés de mon quotidien. Alors pourquoi insister. Avec le temps, j'ai appris à leur réponde par un très bref : « *Ça va.* » J'économise les détails inutiles…

L'été est donc compliqué pour mon mental. Nous ne prenons pas de vacances. Physiquement comme psychologiquement, je ne suis pas prêt. Je refuse même les quelques jours de repos que me proposent les infirmières du centre de rééducation. Je ne veux pas prendre de retard dans mon programme ni gâcher par mon inactivité les quelques acquis grappillés depuis mars.

*

* *

Septembre me donne raison. Six mois après mon admission à Laval, pour la première fois, je ressens une amélioration véritablement "concrète" et non simplement infime. Enfin, je me lève et me mets debout quasiment sans effort. Certes, un appui m'est indispensable. Mais quel progrès !

Le bonheur m'envahit. Cette amélioration furtive est imperceptible aux yeux des autres mais je suis déjà dans la situation d'un homme paralysé depuis des années qui retrouverait l'usage de ses jambes.

La porte de sortie attendue depuis dix mois s'entrebâille-t-elle enfin ? Cette première petite lumière me donne espoir qu'un jour, pourquoi pas, je repartagerai le monde dans lequel j'évoluais avant la maladie. L'échelle d'instabilité (échelle d'ataxie en terme médical) se situe pour la première fois aux alentours de sept à huit sur la graduation établie pour moi-même, sur les conseils du neurologue. Longtemps, elle a oscillé entre le neuf et le dix. Descendre d'un ou deux degrés est déjà une immense victoire. Cela permettra à ce spécialiste d'affiner son analyse.

Souci. Ce progrès n'en déclenche pas d'autres. Il n'est même qu'éphémère. J'y ai cru trop vite. Je dois me résigner : l'automne s'annonce déjà et le pallier atteint en septembre ne donne pas accès à l'étage supérieur. Faute d'un bond spectaculaire, je me satisfais de ces petits plus. Enfin, je marche avec Tristan dans mes bras. L'apprentissage de Caroline s'est avéré payant. La manière n'y étant pas, il faut encore beaucoup de patience et de concentration.

Ma joie est incommensurable.

*

*   *

Sandra a profité de l'été pour se renseigner sur l'association CSC (Connaître les syndromes cérébelleux). À première vue, elle regroupe les personnes victimes des mêmes troubles que moi. J'y adhère par curiosité. La neurosarcoïdose est un peu différente. Mais ces malades présentent nombre de symptômes similaires aux miens. Ne serais-je enfin pas seul ?

Je reçois par courrier des fascicules et un classeur retraçant ce qu'est un syndrome cérébelleux. Ce qui ruine ma vie depuis bientôt un an est écrit pratiquement noir sur blanc : *"atteinte et définition exacte du cervelet"*, *"démarche titubante"*, *"gestes non coordonnés"*, *"difficulté d'élocution"*, *"parole explosive et saccadée"*, *"tremblements"*, *"trouble de l'équilibre"*, *"ataxie"*, *"trouble de la station debout"*, *"instabilité"*, *"lenteur des mouvements"*, *"coordination motrice déficiente", "réflexe vestibulo-occulaire"...* et j'en passe. Ces mots, ces expressions reflètent quelque part ce que je vis. D'autres personnes présentent donc les mêmes symptômes que moi.

Cette découverte me soulage même si la neurosarcoïdose n'est pas expressément mentionnée. J'en fais part à Audrey. Ma joie n'est pas feinte. De pouvoir enfin se reconnaître alors que depuis des mois ma maladie est rangée dans la case "rare", me procure un bien énorme.

Je m'inscrits à une réunion d'information programmée un samedi d'octobre à Nantes, à quatre-vingts kilomètres de Senonnes. J'ai de la chance, cette association étant nationale, elle organise régulièrement des rencontres aux quatre coins de la France. Une vingtaine de patients y participe. Chacun relate son problème. Lorsque c'est mon tour et que je prononce le mot "neurosarcoïdose", l'attention redouble. Personne ne connaît cette maladie.

L'association regroupe tous les syndromes cérébelleux mais elle est d'abord axée sur la génétique. Je ne me sens pas très concerné. Discutant avec les intervenants toute la journée, je suis cependant réconforté de savoir que je ne suis pas seul à vivre avec ces troubles. Depuis, je renouvelle chaque année mon adhésion, soucieux d'être informé de l'évolution de la recherche médicale.

*

* *

Le froid s'annonce. Malade depuis bientôt un an, je continue à effectuer chaque semaine trois ou quatre aller-et-retour à Laval. La rééducation me prend beaucoup d'énergie. Fatigué, je me repose énormément les jours où je suis à la maison. Sur mes gardes, je “m’autogère” afin d’éviter les excès. Parfois, m’habillant chaudement et n’abandonnant surtout pas ma béquille, j’emprunte la route de campagne et parcours quelques centaines de mètres autour de la maison. Rarement plus. Je ne m’aventure pas vers le bois ; le sentier pour y accéder étant trop accidenté. Ce serait prendre des risques.

Pendant ces journées, je multiplie également les exercices d’équilibres, d’orthophonie, et d’orthoptie prescrits par les thérapeutes. Délaissant le balai qui me déséquilibre, je me saisis de l’aspirateur. À mon rythme, je fais le ménage dans la pièce de séjour.

Ranger le garage m’occupe. À vrai dire, il est quasi nickel. Mais déplacer cartons et caisses à outils permet d’étalonner mon état. S’ils sont trop lourds, je dois renoncer ou me contenter de les traîner. L’échec m’irrite toujours mais moins que l’été précédent. Je suis moins acariâtre. C’est déjà ça.

Chaque matin, je rédige quelques lignes. Je le faisais déjà au CHU. Mon objectif n’a pas varié : écrire normalement et sans douleur. Pour me faciliter la tâche, Sandra m’a prêté un crayon ergonomique. L’écriture n’est pas naturelle. Mes doigts étant mieux positionnés, mon écriture est plus posée.

M’étant entraîné sur un document factice avec l’ergothérapeute, je m’essaie même à signer un chèque accompagné de quelques mots inscrits sur un post-it. Extrêmement concentré, la respiration contenue, je suis comme un plongeur s’apprêtant à tenter un record d’apnée. J’imagine la tête du destinataire lorsqu’il recevra ce chèque maladroitement rempli. Ne va-t-il pas croire à une mauvaise plaisanterie tant mon écriture est celle d’un enfant de classe maternelle ? J’en suis gêné à l’avance. Je redoute également le moment où je devrai réitérer ce paraphe devant témoins.

La honte toujours. J'en parle à Sandra. Elle me recommande de multiplier les exercices d'écriture, de les interrompre uniquement lorsque je ne distingue plus les mots.

Chaque matin, le scénario se répète. Sitôt réveillé, je gagne le canapé. Mon souci est de stabiliser le "verre d'eau" qui danse dans ma tête. Ensuite, je prépare le biberon de Tristan. Je n'ai pas d'autre option que de faire confiance au hasard tant le niveau d'eau fait du yoyo. Tremblant énormément, verser le lait en poudre est tout aussi périlleux. La main droite étant toujours agitée, je me sers de la gauche. Parfois, des deux. Sans assurance de réussite. La moitié de la dose se répand sur le sol. C'est encore n'importe quoi ! Je m'agace.

Biberon, pipette de vitamine D et serviette à portée de main, je réveille Tristan et l'installe sur le canapé. Avec un soin extrême. Me presser n'est pas envisageable ; mes gestes devenant aussitôt plus maladroits et mes réflexes impossibles à contrôler.

Assis, je contemple la campagne pendant que Tristan avale son biberon du matin. Un indice supplémentaire pour déterminer ma forme du jour. Scruter le paysage depuis la baie vitrée me permet d'évaluer mon degré d'instabilité. Audrey est de retour pour quelques minutes. Sa journée a débuté à 6 heures 15. La traite étant terminée, elle prend le relai et le change. J'ai déjà besoin de repos.

Je dois me méfier. Fatigue et stress font que "je pète toujours les plombs". Parfois, pour une bagatelle. Un soir, après son travail, Audrey gare la voiture trop près d'un des murs du garage. M'y rendant pour récupérer un outil, je ne retrouve plus mes marques.

Coincé, chahuté, blackboulé comme une boule de flipper entre les portières et le mur, mon corps est complètement désarticulé. Douleur et incompréhension me mettent hors de moi. Cet incident illustre combien l'imprévu attise mes colères.

Avec Tristan, je suis plus qu'attentionné. Il n'a pas à subir mes exaspérations. J'ai déjà été si absent – et parfois odieux – lorsqu'il était dans le ventre de sa maman… Inutile d'en rajouter. Je travaille beaucoup avec la psychologue du centre sur cette culpabilité que je ressens au plus profond de moi. Comment me rattraper, combler le terrain perdu sinon en lui transmettant tout l'amour que je n'ai pas pu lui donner avant sa naissance ?

Des années après, cela m'obsède toujours. M'en voudra-t-il ? Ou comprendra-t-il tout simplement ? J'ai pour mon fils un amour inexplicable, sans limite. En sa compagnie, mes yeux ne sont que plaisir et joie. Et à six ans, il a fini par deviner que son papa n'a pas eu un parcours facile. Nos liens s'en sont encore plus renforcés.

Revenons à mes matinées à Senonnes. Après le petit-déjeuner partagé avec Audrey et avant de me recoucher je me lave et m'habille seul. Pas comme tout le monde mais presque. Se tenir contre le mur, s'asseoir sur le rebord du lit m'est familier. Me servir de la brosse à dents également. Par contre, me raser adroitement deux ou trois fois par semaine reste hasardeux. Je bande les doigts de ma main droite avec du sparadrap pour éviter les tremblements. Vive le système D !

J'ai aussi trouvé la méthode pour prendre ma douche. Pas question de revivre les affres vécues au CHU. Je prépare tout à l'avance. L'imprévu n'est pas d'actualité. Le receveur à… franchir (vu mon état, c'est le terme adéquat !) n'excède pas deux centimètres. Pour éviter de perdre l'équilibre, je me tiens aux parois. Pour m'essuyer, je positionne une chaise à proximité.

Ainsi, va ma nouvelle vie faite de gestes courants et insignifiants. Je me contente de peu. Mon souci reste avant tout d'améliorer la synchronisation de mes mouvements. Mes difficultés qui ne s'estompent pas sont minimisées par les encouragements d'Audrey. Affronter le monde extérieur est encore si compliqué.

L'après-midi, je dors deux ou trois heures. Moi qui n'ai jamais été un assidu de la sieste ! Réveillé, j'attrape aussitôt mon cahier et couche deux ou trois lignes. Puis parcourant les pièces, je répète les exercices appris au centre. Celui de la raquette et de la balle de ping-pong notamment. Jour après jour, je persévère. Avec plus ou moins de réussite.

Lorsqu'Audrey est là, je lui offre ce que je qualifie de triste spectacle. Son intitulé : Courir dans le jardin. Elle est l'unique spectatrice lorsque le clown (moi) entre en scène. Je cours tout au plus trente à quarante mètres. Mes jambes ne semblent pas me porter, le sang se balade sans cesse dans ma tête. Cette sensation de "verre d'eau" dans mon crâne m'est très désagréable.

La peur est constante. J'ai du mal à tourner, à m'arrêter. Mes articulations me déchirent. Audrey s'efforce de garder son naturel, esquisse un large sourire. Son rire me gagne. Ensemble, nous plaisantons de ma prestation. Je veux connaître son avis : « *Mes bras étaient-ils plus déliés qu'hier ? Mes jambes sont-elles mieux coordonnées ? Ma tête était-elle stable ? Mes virages plus appuyés ? Mon arrêt mieux contrôlé ? Suis-je toujours une marionnette ?* » Ce numéro m'a essoufflé. Il est urgent de rentrer à la maison. Vers 17 heures 30, avant de filer à la traite, Audrey récupère Tristan chez la nourrice. Je le garde pendant deux heures. À six mois, il est encore dans son lit. Parfois, je dois le changer avant le retour de sa maman. Sa journée à l'exploitation a déjà été dure, une autre commence alors pour elle. Je ne peux l'avancer. Elle attaque le repassage. Mes tremblements m'empêchent de le faire. C'est même dangereux. Un essai, en présence d'Audrey, m'en persuade. Je ne récidive pas. Insister inutilement accentuerait ma lassitude, mon ras-le-bol. Et me mettrait encore une fois en colère.

L'arrivée du froid n'améliore pas mon mental. Les souvenirs désastreux de l'année 2012 défilent dans ma tête. Chaque date clé reste ancrée : ma première hospitalisation (15 au 25 novembre 2011), mon entrée aux urgences (le 18 décembre), la biopsie du cervelet (16 janvier 2012), celle de mon transfert vers le centre de rééducation (7 mars)… La simple évocation de ces rendez-vous réactive mon angoisse.

Nous sortons peu de la maison. Audrey est très occupée. Elle travaille six jours sur sept et partage l'astreinte du weekend avec son père. Mon état et son activité professionnelle laissent peu de temps aux loisirs et virées. Tristan nous accapare également. Du coup, chaque promenade est réglée comme du papier à musique. Les destinations sont planifiées à l'avance. Nous évitons les lieux trop fréquentés et les distances éloignées. Y a-t-il des escaliers à gravir ? Des chemins pentus ? Des rues trop passantes ? Des trottoirs glissants ? Bien souvent, le choix est rapide. Le monde extérieur ne facilite pas les déplacements des handicapés. Si beaucoup d'initiatives ont été prises ces dernières années, il reste énormément à faire. Je m'en rends compte jour après jour. Conséquence : nos rares sorties se limitent à quelques magasins dont les accès sont aménagés ou plus aisés. Quand le soleil pointe et que les sentiers des environs ne sont pas boueux, nous effectuons quelques pas ensemble dans la campagne. Pas beaucoup plus.

*
* *

Accepter mon handicap est un autre pari. Il est temps de montrer aux autres ce que je suis devenu. Début novembre 2012, nous convions des amis. Une première depuis plus d'un an. L'invitation n'a pas été évidente à lancer. Mais c'est fait ! Ces proches m'ont rendu visite à l'hôpital en janvier et février. Ils savent parfaitement par où je suis passé et où j'en suis. J'évoque longuement cette soirée avec l'ergothérapeute et l'infirmière psychologue. Elles n'y mettent aucune barrière sous réserve que je me sente prêt et que j'accepte de montrer aux autres mes difficultés. Je suis anxieux. Vais-je être capable de tenir une conversation ? De me concentrer ? De regarder à droite, à gauche ? Je crains que cette invitation m'épuise autant que la naissance de Tristan et les visites continuelles dans la chambre d'Audrey.

Ce samedi soir, nous sommes dix-huit. Je souhaite d'abord dire aux amis combien je suis désolé d'être dans cet état ; un besoin d'évoquer mon ressenti plutôt que de justifier quoi que ce soit. Dans un silence crispant, au bord des larmes, je lis un discours sur mes difficultés et mon attitude physique ; une manière de les remercier de leur soutien depuis un an et de leur expliquer combien tout est différent pour moi.

Leur embarras levé, la soirée débute. J'ai du mal à engager la conversation, préférant me concentrer sur l'écoute. Plusieurs fois, je m'éclipse discrètement sans éveiller trop l'attention. À table, je m'efforce d'être un maître de maison à la hauteur. Je sers le vin, passe les plats. Heureusement, tous les convives amis m'aident avec naturel. Ce dîner est une réussite. Audrey est heureuse.

Cette soirée que nous avions initialement prévue d'organiser en novembre 2011, nous tenait tant à cœur. Elle ranime l'espoir de reprendre un jour une vie quasi normale.

*

* *

Noël approche. Avec en mémoire, le souvenir effroyable du précédent. Audrey et moi n'en parlons pas. Inutile. Il ne faut pas gâcher celui-ci. Pourquoi ne pas goûter au bonheur simple de cette fête sans ressasser les moments douloureux. ? Pour Tristan, pour nos deux familles, pour nous deux.

Certes, je suis toujours diminué mais mon état n'est pas comparable à décembre 2011. J'ai pourtant sans cesse une épée de Damoclès au-dessus de la tête. Des lourdeurs récurrentes derrière le crâne m'empoisonnent et me fatiguent énormément. Elles surviennent soudainement sans explication ni alerte. J'en déduis que “tirer trop sur la ficelle” est prendre un risque énorme. Je fais le dos rond durant ces heures d'anxiété.

Un dimanche de décembre, nous parcourons les allées d'un marché de Noël. Vers midi afin d'éviter la bousculade de l'après-midi. Tristan est avec nous. Nous ne nous attardons pas. Juste le temps d'acheter un peu de déco pour la crèche. L'installer est pour moi symbolique, un signe de renaissance. Et puis, il y a mon fils qui écarquille ses yeux émerveillés dès que j'allume une guirlande, place un santon. Audrey est heureuse. J'en oublie un instant mes craintes.

*

* *

Peu avant le 25 décembre, je retourne au CHU d'Angers pour un nouveau test au Synacthène. Les deux examens pratiqués en juin et septembre n'ont rien donné. Le scénario se répète. Pendant quarante-huit heures, je suis hospitalisé au service neurologique. Je salue avec bonheur l'équipe médicale. La joie ne dure pas. Et pour cause ! Une infirmière m'indique ma chambre. C'est la 254 !

Ma mine se décompose. « *Si vous la refusez je comprendrais tout à fait* », me glisse-t-elle. Pas évident. Le service affiche complet. C'est la seule disponible. Alors, pourquoi lui compliquer la tâche ? L'obliger à envisager une permutation avec un autre patient ? Apeuré, mais refusant de le révéler, peut-être par défi, je me surprends de lui répondre : « *Merci. Cela devrait aller.* »

Ma béquille posée à côté du fauteuil, mon premier regard court vers le tableau fixé près de la télé, face au lit. Onze mois auparavant, il me permettait d'établir quotidiennement ma grille d'évaluation visuelle. Soulagement : il bouge moins. Je m'approche ensuite du cadre dédié aux notes de service, au règlement interne, au menu de la semaine…

Lors de mon hospitalisation, Audrey y avait également accroché quelques photos de nous deux, de mes neveux, de mes parents, de mes frères… Ce n'étaient alors que de très vagues silhouettes. Un monde irréel. Ce soir, je ne peux m'empêcher de toucher longuement ce panneau, témoin direct de mes angoisses. Déjà, je me dirige vers la fenêtre. Le paysage saute toujours comme une télé mal réglée. Mais beaucoup moins. Désormais, je suis capable d'apprécier les distances, de contrôler la pression du doigt lorsque je le colle sur la vitre. La salle de bains est l'étape suivante de mes retrouvailles avec la 254. Je ne suis plus comme dans un bateau balloté par d'énormes vagues : le miroir du lavabo me renvoie une image enfin connue. La mienne !

Est-ce enfin cette nouvelle vie tant espérée qui commence ? Assis sur le rebord du lit, je prends la tête entre mes deux mains et fonds en larmes. Trop de souvenirs se bousculent ; notamment les plus insoutenables. Ai-je repris le dessus malgré les séquelles qui demeurent ? Ces quelques heures dans la chambre 254 me donnent l'envie d'y croire. L'examen n'est pas plus concluant que les deux précédents. Un quatrième rendez-vous est déjà fixé pour dans trois mois. En attendant, je poursuis la cortisone.

En quittant le CHU, je m'en fiche presque. L'essentiel est ailleurs. Dans la 254.

*

* *

Nous fêtons Noël à la maison. Malgré son travail à la ferme, Audrey en fait beaucoup pour préparer le dîner. Cette heureuse agitation est pour moi une réelle joie. Le réveillon n'est que bonheur. Mes parents, mes trois frères, mes belles-sœurs et mes neveux ont fait le déplacement. Entourés des siens, Tristan est aux anges. De larges sourires éclairent ses six mois.

Les cadeaux déballés, nous passons à table. Comme en novembre devant nos amis, je sors de ma poche un discours pour leur témoigner de ma reconnaissance après cette année d'épreuve. J'ai encore et toujours besoin d'expliquer, de revenir sur mes séquelles persistantes qui m'empêchent d'être comme eux en ce 24 décembre.

Mon propos reflète aussi ma nouvelle vision de la vie : en profiter encore plus. À commencer par cette nuit de Noël. Être tous assis autour de la même table est un plaisir qui n'a pas de prix. Les larmes coulent. Les mots manquent. Les baisers d'Audrey, les tapes amicales de tous les miens referment la séquence. Le bonheur est au menu. De l'entrée au dessert.

Le 25, nous déjeunons chez Brigitte et Michel, les parents d'Audrey. Maxime, mon beau-frère, est également là. D'être à leurs côtés avec Tristan est une formidable récompense pour eux. Depuis un an, ils me soutiennent, composent avec mon handicap, supportent mes états d'âme envers leur fille, jonglent avec mon humeur et mes colères. Au CHU, Brigitte n'hésitait pas à se substituer à l'aide-soignante pour m'aider à manger. Jamais, je ne la remercierai assez. C'est l'occasion.

Michel est d'un caractère optimiste. Pendant ces mois, il a gardé pour lui son inquiétude et sa tristesse affichant une volonté sans faille d'aller sans cesse de l'avant. Dès que c'était possible, il me proposait une sortie sur le parking de l'hôpital ; sa thérapie à lui pour que j'envisage un avenir moins sombre. Un bol d'air ne pouvant que me faire du bien, pourquoi s'en priver ?

Sceptique sur la méthode, je n'osais pourtant pas le contrarier. Il poussait mon fauteuil, me proposait un stop à la cafétéria avant de regagner la chambre. Attablés, il me livrait les dernières nouvelles du village, évoquait l'exploitation… Des conversations simples et réconfortantes. Je mettais de côté pendant quelques instants l'agressivité qui, jour après jour, me rongeait.

D'être en leur compagnie en ce 25 décembre est pour eux comme pour moi une immense joie. Avec comme la veille, ce même sentiment : ce n'est pas tant l'ouverture des cadeaux avant le repas qui m'importe que d'être là avec ceux que j'aime. Ému, je ressorts mon discours lu à mes parents et frères. La connotation est légèrement différente mais le message est le même : le chemin est encore long mais d'être tous là en ce jour est magique. Il y a encore cinq ou six mois, jamais je n'aurais envisagé partager avec eux la bûche de Noël. Le soir, j'ai hâte de rentrer à la maison. Ces deux jours m'ont épuisé. Mais j'ai tenu ! Malheureusement, les jours suivants, je paie le prix fort. La maladie est toujours à l'affut. Un excès… et elle se rappelle aussitôt à moi profitant de mon état de faiblesse. Je n'en suis pas surpris ; les réactions de mon corps n'ayant plus de secret. Les maux de tête reprennent, redoublent. Mon instabilité est à la hausse.

Chance ou prémonition : j'ai profité de la semaine entre le 25 et le 31 pour m'accorder un répit. Pour la première fois depuis juin, je délaisse le centre. Pas d'exercices ni d'aller et retour en ambulance, je suis au repos. Tant mieux. D'ailleurs, je zappe le réveillon de la Saint-Sylvestre. Veiller une seconde fois et apprécier un nouveau repas copieux est au-dessus de mes forces. Je zappe minuit. À 22 heures 30, je suis au lit.

Le surlendemain, je suis de retour au centre de Laval. Humidité, grisaille, froid, contrecoup des fêtes : janvier n'est généralement pas bon pour le moral. Ce schéma n'est pas le mien. J'attaque la nouvelle année avec la ferme volonté d'effacer la précédente.

*

* *

Première initiative et de taille : prendre des leçons de conduite. Cette éventualité me trotte depuis déjà quelques semaines. Avant Noël, il était encore trop tôt. Cette fois, c'est le moment. Je me sens apte. J'ai longuement réfléchi avant de me décider. Je n'ai pas conduit depuis plus d'un an. Non par peur mais par incapacité. Ma vision instable, mes tremblements, mes crises de fatigue, des réflexes encore surprenants… sont autant de motifs pour contrarier ce projet.

Je m'en ouvre à Sandra. Elle m'encourage cernant parfaitement les difficultés auxquelles je vais devoir faire face. Ce n'est pas le cas du moniteur d'auto-école contacté. Avant que ne débute la première leçon, il me propose déjà d'apposer une boule sur le volant. C'est inutile et cela ne m'aidera pas, je le sais. Mon problème n'est pas là. Ceci précisé, nous embarquons. Sandra est à l'arrière.

Une heure après, la voiture stationnée devant le centre de rééducation, chacun de nous trois a son opinion sur ce qui m'attend si je veux reconduire seul. J'insiste naturellement sur ma gêne principale : mes soucis de vision, notamment sur la droite. Le moniteur l'a constatée. Deux ou trois fois, il est intervenu pour me signaler des “obstacles” qui m'avaient échappés. Sandra me réconforte. De toute façon, reprendre le volant n'est pas encore d'actualité. Ce ne serait pas sérieux. L'objectif de ces trois-quarts d'heure était de mesurer ce qui ne va pas et ce qui peut être amélioré. Je ne suis pas plus satisfait que cela. Certes, je n'ai pas eu d'accident mais ma fluidité d'antan me semble très, très loin.

Conduire dans ces conditions, en risquant ma vie et celle des autres, est inenvisageable. Cette séance de conduite a néanmoins un aspect positif : un an auparavant, en janvier 2012, quasi à l'agonie sur mon lit de la chambre 254, jamais je n'aurais pensé pouvoir toucher à nouveau un volant. C'est fait. L'heure venue, je retenterai l'expérience. Sandra m'y encourage

*

* *

Décidemment, ce début 2013 m'est favorable. J'ai l'heureuse impression de franchir un second cap après celui constaté au cours de l'été. Je ressens un léger mieux. Ma démarche est moins décousue qu'auparavant. J'écris plus aisément. Pour autant, les douleurs au poignet droit resurgissent dès la seconde ou troisième ligne couchée sur le bloc-notes. Mon élocution est plus claire, plus limpide qu'il y a six mois. Le travail avec l'orthophoniste paie. Même si c'est encore trop lent à mon goût. Au centre d'ailleurs, les exercices me sont plus accessibles. Je parviens régulièrement à faire quelques pas avec la raquette de tennis de table sans faire tomber la balle. Certains jours, j'ai l'agréable sensation de ne plus être le "pingouin" que j'étais encore à l'automne lorsque je disputais une partie de badminton avec le thérapeute. Je restais alors désespérément statique, incapable de me déplacer sur la gauche ou la droite. Désormais, je bouge ! Un pas en avant, un autre sur le côté. Ok, frapper le volant est un autre défi. Mais ça va venir.

Je me plais à espérer : quelques semaines encore et je serai moins fatigué, ma coordination et mon équilibre s'amélioreront, mon pied droit restera en permanence au contact au sol. Alors, je renverrai convenablement ce satané volant. Pour une fois depuis très longtemps, j'évoque le verre à moitié plein plutôt que celui à moitié vide. J'ai confiance même si mon état fait du yoyo. J'en ai l'habitude. Un cervelet nécrosé ne se guérit pas. Seul, le temps permet d'agir et de se comporter moins péniblement. C'est du moins mon avis.

D'ailleurs lorsqu'on m'interroge, je demeure avare de détails sur ces jours sans et ces jours avec. Me bornant à répondre que globalement, je me sens mieux. Mes interlocuteurs s'en contentent. Je suis las de devoir sans cesse me confier depuis un an. Un syndrome cérébelleux ne s'explique pas, il se vit.

*
* *

En accord avec Sandra, ma deuxième leçon de conduite est prévue fin février. La voiture est équipée d'une boite manuelle comme je l'ai souhaité. Le moniteur a changé. Sandra lui résume mes difficultés. Après trois-quarts d'heure, son opinion est faite : je conduis comme un gaucher.

Les déficiences de ma vision côté droit font que je suis inconsciemment attiré vers le centre de la route ; heureusement pas au point de trop dériver et de provoquer un choc frontal ! Mon ressenti lui n'a pas varié depuis l'essai de début janvier, il y a près de deux mois. La lenteur de mes gestes, le manque de coordination et bien sûr la vision m'inquiètent toujours autant. Exemple : un feu tricolore est passé au rouge au moment même où je franchissais un carrefour. Une information que je n'ai pas eu le temps d'enregistrer. Pour moi, il était toujours au vert. Le moniteur a freiné brusquement. Je ne me suis même pas aperçu de ma faute. C'est clair : je suis toujours dans l'incapacité d'analyser deux choses à la fois. Cette erreur n'est pas faite pour me rassurer : et si j'avais été seul à cet instant précis ?

Mieux vaut pour le moment ne pas insister. Certes, le moniteur n'a émis aucune contre-indication à ce que je puisse reconduire. C'est déjà un bon point. Bien sûr, il a noté toutes les imperfections. Mais rien ne s'y oppose ; même avec une boite manuelle. Je suis beaucoup plus dubitatif. Comme d'autres, il n'a pas assimilé toutes mes difficultés et symptômes. Heureusement, Sandra les comprend parfaitement. Elle sait que je devrai encore faire preuve de patience avant de tourner une clef de contact. D'autant que sur un plan administratif, la procédure s'annonce fastidieuse. L'aval de l'ergothérapeute et d'un médecin spécialisé est préalablement nécessaire. Ensuite, il faut enregistrer un nouveau permis nécessaire à la reprise de la conduite.

*

* *

Depuis décembre, il y a quatre mois maintenant, un autre souci m'inquiète. Je n'en parle à personne considérant qu'il est minime comparé à mon syndrome cérébelleux et ses multiples conséquences. Inquiéter mon entourage est inutile.

Je finis cependant par "cracher le morceau" à Audrey. Une grosseur au niveau du téton droit est apparue. Elle est même désormais très envahissante. Lorsque je prends ma douche, j'évite de l'effleurer tant elle me fait mal. Je suspecte les effets secondaires de certains médicaments. D'où ma décision d'en parler. Non sans crainte. La réaction immédiate du docteur qui me suit au centre me rassure. Il s'agit probablement d'une gynécomastie (hyperprolactinémie symptomatique). Effectivement, des médicaments peuvent être à l'origine de cette anomalie qui ne présage rien de grave. Je dois néanmoins subir des examens approfondis pour s'assurer que d'autres organes ne sont pas affectés. Et surtout stopper certaines prescriptions qui soulagent les maux de tête. Heureusement, le traitement principal est maintenu.

Ces différents bilans se résument à une prise de sang et à une échographie du thorax et des testicules pour s'assurer du fonctionnement normal des hormones. Les tests sont effectués très vite en raison de la rareté de ma maladie. Au moins, elle me procure quelques avantages ! Je n'ai pas à patienter plusieurs semaines.

L'échographie ne révèle rien sinon deux granulomes peu inquiétants d'après l'infirmière. Un an que j'attends cela : un propos enfin positif de la part d'un personnel hospitalier. Un bien fou ! Apaisé, j'envisage déjà la suite de ma rééducation en toute sérénité. Reste à découvrir les conclusions définitives de la médecin. Laquelle a changé. En congé maternité, elle est remplacée par le médecin chef de l'hôpital de jour. Je ne m'en alarme pas. Jusqu'au jour où j'apprends qu'elle a prévu un rendez-vous chez un urologue à la polyclinique de Laval. Je suis soucieux de cette consultation auprès d'un spécialiste pour un souci annexe et mineur à ma maladie. Ayant été ausculté, ses conclusions me stresse encore plus : « *Ce n'est quand même pas normal, il faudra certainement pratiquer une biopsie pour savoir.* » Biopsie ! Je ne voulais plus entendre ce mot. En sortant de son bureau, je suis comme un fou.

Ce médecin n'y est certes pour rien. Il n'a aucune connaissance de l'enfer vécu en 2012. S'il n'est pas le premier à s'étendre sur la rareté de ma maladie, il est certainement loin d'imaginer d'où je reviens. Il m'annonce déjà la suite : avant cette éventuelle intervention, je repasserai dans trois mois une nouvelle échographie. Il avisera alors. Cet épisode freine brusquement l'élan né début janvier, depuis que j'ai franchi un deuxième stade dans le lent processus de rééducation. Mon mental en prend un coup. Je suis décontenancé : pourquoi le mauvais sort s'acharne-t-il sur moi ? Je réapprends tout juste à vivre. Je me reconstruis lentement. Et il l'ignore. Regrettable et dommageable.

Ma colère ne dure pas. Elle s'estompe au bout de quelques jours. Je suis décidé à ne pas me laisser faire et il y a plus prioritaire : la poursuite de ma rééducation. Je me dois d'être extrêmement concentré sur cet objectif et d'y consacrer toute mon énergie. Les thérapeutes du centre, au courant de cette possible biopsie, m'aident à garder le cap. Elle repasse au second plan de mes préoccupations.

*

*   *

Le printemps s'annonçant, je me risque dehors. Emprunter les chemins de campagne est plus gai que d'effectuer des exercices sur l'un des tapis de marche du centre. Et c'est une façon de tester mes progrès en "live".

Par chance, le trafic est rare. Deux ou trois voitures, un tracteur. Lorsque je croise un véhicule, je m'arrête sur le bas-côté quelques instants avant de redémarrer. Parfois, je préfère carrément me balader dans les champs. Le sol étant moins stable, je progresse plus lentement.

Souvent, je dois franchir un fossé. J'ai ma technique : je marche sur les fesses. Peu académique, ce mode de déplacement est pratique lorsque j'ai le pressentiment de rester coincé dans la gadoue. Pour les clôtures électrifiées, je rampe carrément – mes pantalons en sont les témoins – pour éviter de prendre une décharge. Redoutant le ridicule, je m'arrange pour accomplir loin des regards ces "acrobaties", mon téléphone portable toujours à portée de main. Sait-on jamais.

Un après-midi, je me retrouve face à des génisses de l'exploitation. Scénario inattendu et non sans danger ! Les bêtes donnent des signes de nervosité. Que faire pour éviter d'être bousculé ? Deux solutions et pas trois s'offrent à moi. Soit "affronter" le troupeau et advienne que pourra. Soit faire demi-tour. C'est l'option que je retiens.

Avant de me lancer, j'hésite longtemps. Déjà exténué, soutenu par ma béquille, surestimant mes capacités, j'enjambe enfin le fossé et la clôture en barbelé. L'effort est interminable, risqué.

Je n'ai qu'une hâte regagner au plus vite la maison et m'écrouler sur le canapé pour récupérer et oublier ma peur.

*

* *

Printemps 2012 – février 2013. Depuis bientôt un an, je fréquente le centre. Il est mon quotidien, ma nouvelle vie. Je ne me pose plus les mêmes questions que lors de mon arrivée. Ma colère a évolué. Je suis plus apaisé. N'ayant surtout pas renoncé à des lendemains meilleurs, j'ai cependant accepté mon état. Cela s'est fait inconsciemment petit à petit.

L'acceptation est une phase par laquelle tous les malades passent. S'ils y sont contraints par la force des choses, cette étape est importante pour entretenir un espoir. Ce cap est difficile à surmonter. J'en sais quelque chose. Très longtemps, j'ai comme beaucoup d'autres refuser d'accepter l'inacceptable. Et puis, et puis…

Mes emportements et excès sont de moins en moins fréquents. Les efforts entrepris depuis mon transfert du CHU au centre de Laval paient. Même si certaines journées ne sont encore que désillusion.

Avancer un jour et reculer le lendemain font partie de ce que je me dois d'accepter. Je suis en perpétuelle concentration pour éviter un faux pas qui remettrait tout en question. Le moindre de mes gestes est calculé, mûrement réfléchi.

Mais je commence enfin à accepter mon handicap.

*

* *

Courant février, Sandra, l'ergothérapeute, me propose d'intégrer un groupe de parole à l'attention des patients de l'hôpital de jour. J'accepte aussitôt. Basées sur le jeu, ces rencontres ont un double objectif : mesurer notre comportement avec d'autres, en faisant autant que possible abstraction de notre handicap, et nous aider ainsi à nous réinsérer dans la vie quotidienne.

Les huit patients choisis ne le sont pas au hasard. Je les connais tous pour les côtoyer au réfectoire, pendant les séances de rééducation et les croiser dans les couloirs ou à la cafétéria. Tous logés à la même enseigne, nous devons faire fi de nos problèmes pendant ces séances. Règle de base : ne pas mettre en avant son handicap, ni en parler. L'ambiance est plutôt bonne. Chez certains, tristesse et amertume sont cependant toujours en embuscade. Psychologiquement, s'accepter tels que nous sommes devenus est un long cheminement. Surtout devant les autres. C'est mon cas.

Cette activité est étalée sur deux mois à raison d'une séance hebdomadaire de deux heures. Un même rituel inaugure chaque nouvelle rencontre : énumérer les bonnes infos entendues ou glanées ici et là. Pas évident ! Les gens ont pour habitude de ne retenir que les mauvaises : la crise économique, les catastrophes, les guerres, les licenciements… Ainsi fonctionnent les médias. Faut-il leur jeter la pierre ? Souvent, radios, télés et journaux ne font que répondre aux attentes de leurs auditeurs ou lecteurs.

L'exercice proposé est donc inverse : dénicher une histoire positive. Avant chaque séance, je me creuse les méninges pour en proposer au moins une. En « élève studieux » que je suis, je m'efforce de le faire. Ce n'est pas le cas de tous. Ces recherches me permettent de constater combien mon attention et ma concentration ont été touchées depuis le début de la maladie.

Me focaliser sur un sujet est souvent vain. Tout se mélange. Les idées font un sac de nœuds dans mon cerveau que je suis incapable de dénouer. Je prends conscience pendant ces moments que réfléchir exige un effort nettement plus intense que dix-huit mois auparavant.

La séance se poursuit par des jeux. Là encore, il s'agit d'assumer plus facilement ses problèmes de santé en public. Devant prendre la parole ou dessiner régulièrement, je suis gêné de m'exprimer encore difficilement et de tenir maladroitement un crayon ou une craie. Je ressens un certain malaise. Pourtant nombre de patients qui m'entourent souffrent également de problèmes d'élocution et de tremblement. Devoir leur montrer combien je suis diminué n'est pas une mince affaire !

Ces séances me sont bénéfiques. Elles me redonnent de l'assurance. Je mesure les améliorations de mon comportement mental. Comment remercier Sandra. Elle a su que c'était le bon moment pour moi d'y participer. Quelques semaines auparavant, c'était encore inenvisageable. Elles sont également sans concession.

Depuis des mois, je redouble de concentration pour effectuer les gestes les plus simples qui soient : parler, marcher, me laver, tenir un verre… Réfléchir de façon plus complexe et plus intensément est un cap que je n'ai pas encore franchi.

Ce travail avec l'ergothérapeute l'illustre. Je suis toujours incapable de demeurer attentionné plusieurs minutes d'affilées. Fréquemment, ma pensée s'embrouille.

Mes idées se télescopent.

Ce déficit de concentration est patent lorsqu'à la maison je discute avec des amis ou parents. Pour me donner un laps de temps à la réflexion, je joue à celui qui a mal entendu.

*

* *

Au cours de ce premier trimestre 2013, je rejoins également un groupe de marche à l'invitation d'Émilie, la nouvelle thérapeute en activité physique. Florian, ancien éducateur sportif, ayant choisi de reprendre des études à l'automne 2012, a d'abord été remplacé pour les trois premiers mois par une éducatrice qui n'a malheureusement pas été gardée. Probablement pour des raisons d'économies.

L'hôpital, comme nombre d'autres services, est soumis à la rigueur budgétaire ; un serrage de boulons souvent au détriment des patients. C'est bien dommage. Il y a certainement des secteurs moins primordiaux où le gaspillage règne sans que personne ne s'en soucie… Il suffit d'allumer la télévision pour s'en persuader. Cette tourmente financière n'épargne pas l'établissement mayennais. Je côtoie plusieurs éducateurs que j'apprécie. Notamment Émilie.

Les marches sont programmées chaque mercredi, de 9 heures 15 à 11 heures. Elles se déroulent en forêt, en campagne, en ville… Je suis d'abord réticent et perplexe. La raison ? Je n'ignore rien des difficultés que j'ai à marcher sans béquille. Cet exercice, je me l'impose désormais tous les jours, en accord avec la kiné, lorsque je gagne le centre. Et ce n'est pas toujours possible. Alors, me balader ainsi sur un sentier pédestre, autant rêver ! J'opte pour un demi-engagement. Ok pour la promenade mais une semaine sur deux. La plupart des patients qui s'y joignent n'ont aucun problème pour se déplacer. Je suis le seul à connaître des pertes d'équilibre et avoir une démarche encore ébrieuse et instable.

Le bus qui nous transporte a déjà nombre de kilomètres au compteur. Son confort est un peu dépassé. Et surtout, il n'est pas adapté à mon handicap. Heureusement, il y a la solidarité. Au moment de partir, plusieurs patients m'aident à monter dans le véhicule. J'évite la chute. Et pour cause : il n'y a pas de rampe pour accéder à la petite marche qui sépare la terre ferme de la plage arrière du bus. Je ne dois mon salut qu'à ces mains spontanément tendues.

La forêt vers laquelle nous nous dirigeons est à quelques kilomètres du centre. Je la connais bien. Avec Audrey nous nous y sommes souvent promenés les années passées. Une fois, nous avons même été surpris par la nuit et le froid hivernal. Mais en ce mercredi matin, le contexte est tout autre : comment vais-je me débrouiller ? Quelles seront mes sensations ? Comment mon corps réagira-t-il ? Mes premiers pas ne me réconfortent guère. Je me concentre pour ne pas trébucher. Rapidement, coller au groupe s'avère un véritable parcours du combattant. Je m'efforce de ne pas être largué en veillant aux multiples obstacles : une branche à travers le chemin à éviter, une flaque d'eau à contourner… Cela épuise mon peu d'énergie. J'avance comme je peux, le chemin pour point fixe. Après trois quart d'heures, je remonte déçu dans le bus. Cette première balade a été conforme à ce que je vis au jour le jour. Je n'ai qu'un souci : me reposer pendant une heure avec le déjeuner.

Les sorties suivantes ne m'enthousiasment pas plus. Ma démarche est certes moins saccadée mais je suis toujours en queue de peloton, en équilibre instable. Elles ont cependant, j'en conviens, un intérêt : m'aider à faire la part des choses ; comme contenir ma colère et mes coups de gueule lorsque le week-end suivant, je me promène avec Audrey en ville ou autour de la maison. Prenant du recul, je réagis de manière moins impulsive lorsque je trébuche sur un trottoir ou peine à monter dans la voiture.

Un mercredi matin, nous partons directement du centre de rééducation à pied. Destination le centre-ville. J'appréhende. Les voitures, les escaliers, les passants, les rues à traverser, les bousculades. Comment vais-je m'en tirer ? Mes craintes ne sont pas vaines. Je prends énormément de risques sans que le groupe, exceptés les thérapeutes, ne s'en rende compte. Le trottoir est trop étroit. Mes yeux ne cessent de le balayer de droite à gauche. Je redoute de glisser, de me faire renverser. Vite, que ce cauchemar cesse et que l'on rentre au centre ! En fait, j'ai pêché par optimisme : au moment de quitter le centre, j'ai abandonné ma béquille. Erreur regrettable. Elle m'aurait permis de garder un peu mieux l'équilibre.

Au retour, je gagne directement la salle de repos, incapable de parler, ni même d'écouter un semblant de phrase. Je suis complètement "vidé". J'ai encore une fois, abusé de la fragilité de mon corps et de ma santé. La sanction est immédiate : mes tremblements redoublent, mes maux de tête sont insupportables. Mon bas du crâne est soudainement très, très lourd.

*

* *

Incapable de marcher correctement, je ne peux pas non plus courir. Allez savoir pourquoi : je suis hanté par la crainte de ne jamais plus pouvoir faire un jogging. Mon départ du centre approchant, j'en informe Émilie. Je veux me tester. Une perspective que je vis comme une épreuve. Si j'arrive à courir alors je n'aurai plus besoin d'apprendre, mon corps sera en état de faire chaque geste comme avant.

Émilie m'écoute. Si elle n'y est pour l'instant pas très favorable, elle finit par souscrire à ma demande. Pour mesurer mes capacités et les quelques améliorations immédiatement envisageables, je m'exerce avec elle sur le parking, juste devant le centre.

Je ne suis pas à l'aise craignant de tomber sur le bitume. Cet essai ressemble à ce que je tente de faire à la maison depuis quelques semaines. C'est un échec total. Émilie m'assure qu'avec le temps cela reviendra « *sans doute* ».

Je demeure incrédule. Si elle dit par bonheur, vrai, je crois que le temps nécessaire pour y parvenir n'est pas quantifiable. Pas plus par elle que par moi d'ailleurs.

Recourir un jour n'est pas gagné ! Mes jambes suivent le mouvement du haut de mon corps comme si je les traînais. Elles ne contrôlent rien. À chaque foulée, mes os me lâchent. Vais-je m'effondrer comme un vulgaire château de carte ? M'arrêter, tourner, me tenir droit est un calvaire. Quelques mètres suffisent à m'épuiser. Je pèse une tonne.

Je ne renonce pas. Après cet essai peu convaincant, je remets “le couvert” lors d'une sortie du mercredi matin. La première tentative est reportée. La météo trop mauvaise a rendu les chemins glissants et dangereux. Les multiples flaques d'eau sont autant de pièges. Inutile de prendre des risques.

Pour la seconde, lors d'une journée froide à peine réchauffée par un timide soleil, le terrain est plus sec, mieux adapté à mes aptitudes… ou le peu qui m'en reste. Le groupe débarque au bord d'un étang. Une destination non dénuée de charme. Des canards batifolent en surface. Une passerelle permet de s'en approcher.

Faire le tour plusieurs fois de la pièce d'eau est dans les cordes de la dizaine de patients présents. Rapidement, la colonne s'étire. Les plus véloces prennent la tête. Et, comme d'habitude, je me "défonce" pour ne pas être lâché par le dernier tiers.

Après trois ou quatre cents mètres, alors que j'entame le second tour, j'accélère le pas. À mes côtés, Émilie m'encourage à m'élancer. J'hésite. Si je me sens prêt à démarrer, je redoute de ne pouvoir stopper ma course lorsque je le souhaiterai ; mes mouvements étant incontrôlables. Ma crainte est d'autant plus fondée que le sentier serpente à quelques mètres seulement de la berge. Une glissade, un écart, et j'atterris dans l'eau. Émilie saisit mon angoisse. Elle s'interpose entre l'étang et moi.

Je ne cours qu'une cinquantaine de mètres. Pas plus. Mes jambes n'avancent plus, mon corps devient trop lourd. Je ne suis plus qu'une marionnette désarticulée. Ce jour-là, je reprends néanmoins l'exercice quatre ou cinq fois.

Remontant dans le bus, je débriefe. Quel est le plus important ? D'avoir couru deux cents mètres ? Ou la manière dont je l'ai fait ? C'est clair. Je me fiche éperdument de la distance. La seconde question me préoccupe beaucoup plus. La réponse est loin d'être satisfaisante. Je m'en doutais. Je vais devoir persévérer.

Les essais suivants sont plus ou moins concluants. Ce n'est pas une surprise : un jour avec, un jour sans. Une énième tentative, lors d'une balade programmée à une dizaine de kilomètres du centre, sur une voie verte aménagée sur le tracé d'une ancienne ligne de chemin de fer, en est l'illustration.

Quelques minutes après le départ, me voilà déjà seul, les autres ont pris le large. C'est le moment de m'élancer loin de leur regard. Lors de l'essai précédent, d'être vu de tous m'a embarrassé. Je ne souhaite pas revivre cette expérience. Comme à chaque fois, les premières foulées sont le baromètre fidèle de mon état du jour : ce n'est pas encore ce matin que je décrocherai la médaille du progrès !

Mes jambes sont fragiles. Mes mouvements ne sont pas coordonnés. Je suis en instabilité totale. Ce test est un cauchemar : mes os sont comme reliés par des bouts de ficelle. Chevilles, genoux, hanches ne sont que des morceaux de verre prêts à se briser à chaque instant.

Chance : le sentier est large. Je le "balaie" de droite à gauche et de gauche à droite sans risque. Dès que j'aperçois un promeneur, je stoppe afin qu'il ne remarque rien. Vœu pieux ! Lorsqu'il arrive à ma hauteur, je relève la tête pour le saluer. Ce qui concourt à accentuer mon déséquilibre. Je suis gêné. Que pense-t-il ? Que j'ai bu ?

De retour au centre, je suis exténué. Je m'écroule dans un divan de la salle de repos. Le soir à la maison, comme la plupart des mercredis, je ne suis pas en meilleure forme. Je mange sans tarder et m'éclipse dans notre chambre. Audrey n'a malheureusement pas d'autre choix que de s'occuper une fois de plus de tout. Gérer Tristan, le dîner, le linge, le ménage…

Ces quelques foulées épuisantes sont une victoire en demi-teinte. Sans courage et volonté, je n'y serai pas arrivé. Elles témoignent que je n'ai pas renoncé à m'en sortir. Mais elles livrent également un verdict sans appel : jamais plus, je courrai normalement. Désormais, je le sais.

Cette voie verte, ouverte aux promeneurs comme aux

cyclistes, aux cavaliers, aux fans de roller… m'a ramené quelques années en arrière. Époque où le soir, après le job, j'effectuais un footing de six ou sept kilomètres sur un chemin similaire qui démarrait de Renazé, ville où est implantée mon entreprise.

Sportif et jeune, j'éprouvais curieusement de la difficulté à parcourir cette distance en principe à ma portée. Était-ce les prémices de ma maladie ? Certes, je n'ai pas la réponse. Mais avec le recul, je nourris de sérieux doutes. J'étais alors perturbé d'entendre des amis ou parents adeptes de la course à pied relater leurs "exploits sportifs". Pourquoi n'en étais-je pas capable ?

Si j'en étais chagriné, je ne songeais pas un instant que cela puisse avoir un lien avec un problème de santé. Sans doute était-ce dans la normalité des choses. Certains sont doués au tennis, d'autres au basket, d'autres au cross. Moi, c'était au foot. Très jeune, j'ai tapé dans un ballon. Ce sport a bercé mon enfance. J'évoluais certes à un niveau modeste mais je me défendais. N'étant pas un gros gabarit, j'en faisais souvent plus que mes coéquipiers et adversaires.

Au fil des années, j'avais appris à compenser ma faiblesse musculaire qui parfois me complexait, par d'autres qualités. Et sur un terrain, je n'étais pas plus essoufflé que mes partenaires au coup de sifflet final. Malheureusement, j'ai raccroché les crampons à vingt-huit ans, après… vingt-deux ans de pratique !

*

* *

Courir m'étant interdit, je remonte par dépit sur un vélo. Émilie ne s'y oppose pas. J'ai des arguments : depuis quelque temps, je m'exerce sur vingt ou trente mètres dans le jardin de la maison ; le gazon étant un excellent matelas en cas de chute.

Lorsqu'Audrey est disponible, je m'aventure sur la route voisine. Elle m'aide à me jucher sur la selle, à poser mes pieds et me maintient tant que je n'ai pas donné le premier coup de pédales. Comme pour la course, la réussite n'est pas au rendez-vous. Je tombe souvent, surtout au démarrage, et parcours rarement plus de trois ou quatre cents mètres.

Au centre, le parking de l'hôpital est mon premier lieu d'entraînement. Émilie me coache. Je suis un peu comme un enfant qui débute. Au grand dam des éducateurs, le service ne dispose que d'un vélo, contraintes budgétaires oblige. Multiplier les sorties n'est pas évident. Émilie réussit à caler une séance hebdomadaire le jeudi après-midi avec un autre patient avec lequel j'entretiens de bonnes relations. Un bus nous conduit vers des parcours peu fréquentés et dégagés, sans montées, ni descentes, ni virages prononcés.

Après quelques essais, je prends un minimum d'assurance. Equilibre et vision me font désespérément défaut. C'est pourtant le plus important.

Là aussi, je dois me résigner et accepter que le vélo ne soit à jamais plus pour moi…

*

* *

Mars. Ma précédente consultation chez l'urologue remonte déjà à trois mois. Je n'ai pas d'autres choix que d'y retourner après une échographie. Pourtant, je m'en serais volontiers passé : un nodule supplémentaire est décelé ! J'ai aussitôt un mauvais présage : l'urologue va certainement décider d'effectuer une biopsie. Je me trompe.

Sans doute, a-t-il le souvenir de ma réaction lors du premier rendez-vous à l'annonce de cette éventualité. Il me notifie simplement une nouvelle échographie dans trois mois et de le revoir dans la foulée. Si les nodules n'ont pas disparu, alors il faudra sans hésitation programmer une biopsie. Pour l'instant, ce n'est pas d'actualité. En sortant de son bureau avec Audrey, je suis presque soulagé. Je peux poursuivre mes exercices quotidiens au centre avec sérénité, en mettant ce souci de côté pour un trimestre.

Plus tard, il s'avérera même secondaire n'ayant pas souhaité renouveler les examens et les consultations avec ce spécialiste. Je minimiserai même cette anomalie, estimant que la grosseur et la douleur au niveau du téton avaient disparu grâce à l'arrêt d'un médicament. D'ailleurs, je n'ai jamais envisagé de confier totalement le sort de mon corps "à la science" !

Souvent lors des rendez-vous, il m'a été à raison précisé que rien ne devait être laissé au hasard en raison de la rareté de ma maladie. À l'inverse, j'ai également estimé que j'avais aussi le droit de fixer certaines barrières. Et que ma priorité était la rééducation.

*

*   *

En ce printemps 2013, un an après mon admission au centre, mon état a évolué. Les doutes n'ont pas disparu mais j'ai franchi des paliers. Cette amélioration globale n'a été possible que grâce aux multiples et diverses séances déployées par le centre. M'en satisfaire n'est pas envisageable. L'instabilité demeure un poison quotidien.

Démarche peu académique, équilibre incertain, mouvements insuffisamment coordonnés. Écrire m'est douloureux. Mon élocution manque encore de fluidité, même si je m'étonne de l'avancée opérée en un an.

La fatigue m'handicape toujours énormément. Elle n'est pas de nature passagère comme lorsque je travaillais. Non, elle est permanente, excessive certains jours ou à l'issue de certains exercices. Et cela m'inquiète. En fait, elle s'exprime sous différentes formes. Les premiers temps, notamment lorsque j'étais à l'agonie au CHU ou à mon arrivée au centre, elle était extrême, insurmontable. Au fil des mois, elle est devenue chronique comme une sanction immédiate à chaque effort démesuré. Elle me surprend encore dans la journée, s'accroche soudainement à moi un matin au lever pour me lâcher que quelques jours plus tard. Plus rarement, elle est même terrifiante comme à l'hiver 2012. Je l'assimile à un violent coup reçu derrière la tête que, par habitude, je qualifie de "lourdeur". Cette sensation effroyable suspend immédiatement toute activité et me réduit à "pas grand-chose".

Aujourd'hui encore, elle m'handicape et restreint à presque rien mes journées. Seul le sommeil permet d'adoucir ces prémices. Et encore ! Me reposer correctement m'est impossible, ma tête supportant une tonne.

La rehausser grâce à un oreiller, me mettre sur le dos est sans effet. Au coucher, j'ai l'impression de poser mon crâne sur une barre en fer. Tout se mélange. Une forte pression de sang m'alerte. J'anticipe une nouvelle éruption volcanique.

Encore une fois, un tsunami gronde, prêt à envahir ma tête…

*

* *

En ce début de printemps 2013, la fin de la rééducation approche. Depuis plus d'un an maintenant, je fréquente le centre avec toujours l'intention affichée de progresser. Je sais aussi que je n'y resterai pas éternellement.

Lors d'une énième visite médicale, fin mars, la responsable me fait effectivement comprendre que cette échéance est pour bientôt. Elle m'explique qu'en douze mois l'amélioration est bien réelle mais que m'attendre à plus est illusoire. Je reste impassible à cette annonce. Je partage son constat sur les bénéfices de mon séjour. Mais m'en contenter m'est inacceptable. Ce n'est pas suffisant ! Certes, j'ai admis que plus jamais je ne retrouverai mes sensations d'avant, que je suis condamné à vivre avec un handicap qui "pourrit" mon quotidien.

Lucide sur ces lendemains qui se profilent, je quitte cet entretien à la fois songeur et perplexe. Après avoir traversé l'inconcevable pendant dix-huit mois, je vais être totalement relâché dans le monde extérieur d'ici trois semaines.

Le soir, je m'en ouvre à Audrey craignant que notre vie en pâtisse. Assumer mon handicap seul et, dans le même temps, assurer la quiétude de notre quotidien m'effraient. Audrey saisit mes interrogations et, comme à chaque fois, trouve les mots justes. Elle saura "faire" avec mon handicap, nous protéger notre fils Tristan et moi.

Prévenus, les thérapeutes me rassurent également. Je ne suis pas une exception. Leur départ imminent, la plupart des patients ressentent frustration et crainte. Pourquoi ne pas plutôt considérer cette sortie comme une nouvelle étape ? Il faut que je me fasse à cette idée : au stade de ma rééducation, le centre ne peut plus m'apporter autant qu'il ne l'a fait jusque-là. Je ne serai pas non plus abandonné en pleine nature. La kiné sera poursuivie en libéral. Idem pour les séances d'orthophonie. Des rendez-vous avec le médecin du centre seront fixés régulièrement.

Pas de miracle. Mon instabilité et mes troubles ne disparaissent pas comme par enchantement au cours de mes ultimes journées au centre. Il me faut l'admettre : cette sortie n'est en rien une fin. Je le quitterai avec mon handicap. D'ici peu, je serai à la maison vingt-quatre heures sur vingt-quatre avec ma maladie et ses séquelles.

Mon sentiment est partagé. D'une part, je suis arrivé au terme de ce que peut m'apporter l'équipe médicale. D'autre part, j'ai encore la volonté de progresser à la maison sans vraiment savoir si cela est envisageable.

17 avril 2013 : date "fatidique" du dernier jour. J'offre aux thérapeutes une boîte de confiseries pour les remercier. Ce geste témoigne que mon passage au centre n'a en rien été anodin. Quoiqu'il arrive, jamais je n'oublierai leurs innombrables séances et exercices. En quatorze mois, tout en retrouvant une certaine autonomie, j'ai tissé des liens étroits avec eux.

J'ai le cœur gros d'autant que je demeure inquiet du lendemain. Je mesure mon instabilité à six sur ma propre échelle. Les problèmes d'équilibre, de coordination, de pertes de connaissance, d'écriture, de stabilité, de vue demeurent mais à un degré nettement moindre que lors de mon arrivée.

Rien n'étant gagné, les mauvaises pensées ne m'abandonnent pas malgré les propos des thérapeutes : la fin de cette rééducation ne sonne-t-elle pas comme une illusion perdue sur mon avenir ?

La docteur du centre me remet une ordonnance pour des séances de kinésithérapie et d'orthophonie en libéral.

Elle arrête également la date d'une consultation. Ce sera après les vacances d'été, dans quatre mois. Je garde aussi contact par mail avec Sandra, l'ergothérapeute. Ces derniers jours, écoutant divers conseils, je me suis renseigné pour qu'une psychologue puisse continuer le "travail" entrepris avec la personne qui me suit au centre de rééducation, en concertation avec Sandra et l'infirmière psychologue.

Tout est donc réuni pour que ce départ se passe dans de bonnes conditions. En montant dans l'ambulance qui me reconduit une dernière fois à Senonnes, j'ai des souvenirs plein la tête. Ce centre m'a redonné espoir.

Tout au long du trajet, je ressasse les souffrances, les incertitudes et les incompréhensions vécues depuis mars 2012 mais aussi tous ces moments qui m'ont "relancé". Notamment les deux paliers franchis. D'abord en septembre puis en ce début d'année.

Ceci est désormais derrière moi. Je vais continuer à avancer mais d'une autre façon. Une nouvelle vie m'attend. Certes, elle s'annonce périlleuse. Elle me réserve des périodes d'intenses fatigues et sans doute de découragement. Ma réadaptation sera encore parsemée d'embûches.

Et puis, subsiste ce paramètre ingérable : l'évolution de la maladie. Peut-elle ou pas s'aggraver ? Resurgir soudainement annihilant les progrès accomplis au centre de Laval ?

8.
L'éclaircie avant l'orage

Les premiers jours à la maison s'écoulent sans difficultés. J'évite les situations compliquées. Le traumatisme des trois semaines passées à la maison entre mes deux hospitalisations il y a dix-huit mois, rode toujours…

Le souvenir de vérifier sans cesse si je suis encore capable de réaliser les gestes simples me hante. M'essayer à marcher sur la ligne que forment les carreaux au sol n'est pas ma préoccupation. Je ne souhaite pas non plus renouveler l'expérience de tenir sur un seul pied… La nuit, je ne me lève pas pour griffonner quelques mots, comme j'ai pu alors le faire. Grimper sur un escabeau ne m'inspire pas plus. Ces exercices sont pour plus tard ! En aucun cas, je veux réveiller des vieux démons.

Le contexte n'est d'ailleurs plus du tout le même. L'objectif du moment est d'être au maximum indépendant afin de déranger et de solliciter Audrey le moins possible. Je m'applique à m'habiller, à faire ma toilette seul. Cela soulage d'autant ses journées déjà bien remplies.

Au centre, j'ai acquis moult astuces pour contourner les obstacles de la vie quotidienne. Mes gestes sont certes différents de ceux d'autrefois mais j'y arrive. Un écueil m'est cependant insurmontable : la lenteur de mes mouvements. Dès que j'accélère, il y a danger ! Ainsi, lorsque je me rase, je redouble de concentration pour ne pas me couper.

Progressivement, selon mon état du jour, je me risque à de nouvelles tâches, moins basiques. Désormais, j'étends le linge, dresse la table. En soirée, je m'occupe de plus en plus de Tristan lorsqu'il rentre de chez la nourrice et qu'Audrey s'occupe de la traite des vaches.

Par contre, j'hésite toujours à passer le balai. Mes soucis d'équilibre n'étant pas résolus, Audrey préfère le faire…

*

* *

Fin mai, alors que le printemps tarde, je reprends mes séances de kiné et d'orthophonie. Comme précédemment, je redoute d'être confronté à des thérapeutes jusque-là inconnus. Le climat de confiance va-t-il s'établir ? Comprendront-ils vraiment mes maux ? Saisiront-ils seulement la rareté d'un syndrome cérébelleux ? Seront-ils assez clairs dans leurs propos ? Je choisis l'option de la sagesse et la prudence. Plutôt que de faire dix minutes de route, je conserve la même orthophoniste. Pauline avec qui je travaille depuis un an au centre exerce également en libéral à Laval. Une heure de trajet largement compensée par la confiance et la richesse des liens qui nous unit. Pauline me connaît par cœur et maîtrise parfaitement les points sur lesquels je dois progresser. Pourquoi m'en séparer ?

Reste à choisir un kiné sensible à ma situation – même si un cervelet nécrosé ne se rééduque pas – et installé à proximité de Senonnes. En effet, sauf dérogation, la sécurité sociale ne rembourse les frais de transports de l'ambulance que si le thérapeute en question est celui qui se trouve le plus proche de son domicile. J'hésite un peu. Puis contacte un kiné qui a vissé sa plaque à une quinzaine de kilomètres. Notre échange téléphonique est positif. Connaissant la sensation des gens atteints d'un syndrome cérébelleux, il sait ce qui doit être travaillé.

C'est plutôt exceptionnel ! Le centre n'a pas été capable de me fournir une telle adresse, éloignée ou pas de Senonnes. La première séance conforte cette impression. Une même orthophoniste, un kiné auprès de qui j'ai hâte de travailler… Il est urgent que je balaie les inquiétudes liées à "l'après centre de rééducation".

*

* *

25 mai 2013, Tristan est baptisé. Certainement plus par crainte que par réelle conviction. Audrey et moi ne sommes pas pratiquants. Simplement des croyants sans certitudes affirmées.

Ces derniers dix-huit mois, la religion n'a pas été un recours. Je ne l'ai pas cherché d'ailleurs. Jamais, je ne me suis tourné vers la foi pour me sortir de ma mauvaise passe. Je me serais senti lâche d'implorer l'aide de la religion, alors que lorsque tout "roulait", elle n'était pas ma préoccupation.

En ce mois de mai, je ne nourris aucun regret.

Dieu n'y est pour rien dans le drame qui me frappe. Si je cherche un coupable, ce n'est pas lui. J'en suis certain. La seule animosité que j'ai envers la foi est d'ignorer pourquoi un tel sort m'est infligé. Depuis décembre 2011, il m'est arrivé parfois de blasphémer. Mais je défie quiconque confronté à une telle détresse, même le plus croyant des croyants, de ne pas l'avoir fait. Personne n'a pu m'épargner du pire, même pas Dieu. Existe-t-il vraiment ?

J'admets volontiers que l'on puisse s'insurger contre cette réaction. Mais vu mon état, il me semble qu'elle est acceptable, tout du moins compréhensible. Depuis le début de la maladie, je ne crois qu'en une seule personne. Et aussi bizarre que cela puisse paraître, c'est en moi. Si je m'étais alors reporté sur la foi, j'aurais eu le sentiment d'abandonner et de me résigner en me laissant mourir.

La colère me fait sans doute dire cela. En 2018, six ans après, elle n'est pas franchement retombée d'ailleurs…

Malgré ces interrogations, nous souhaitons pour notre fils garder cette "protection religieuse", quitte à faire une entorse au rite. Tristan n'a pas un parrain et une marraine. Mais deux parrains : Maxime, l'unique frère d'Audrey et Johan, le benjamin de ma fratrie. Un de chaque côté. Nous privilégions ainsi les liens du sang, témoignage de la richesse et de la solidité des relations qui unit nos deux familles.

Ce qui nous enchante d'ailleurs, au-delà de la cérémonie, est de réunir autour d'un repas nos proches et les gens que l'on aime. Cette fête en l'honneur de Tristan est une récompense à retardement. Nous n'avons pu l'organiser juste après la naissance. Nous le faisons un an après. La préparation n'est pas de tout repos mais je m'y investis totalement. Je dois bien cela à mon fils et à Audrey.

Parents, frères, belles-sœurs, neveux. Tous sont conviés. Le grand père d'Audrey, Monique l'une de ses tantes maternelles, Marc un oncle paternel sont aussi de la fête. Leur présence nous est précieuse. Depuis toujours, ils sont proches d'Audrey.

Cette tante a été sa nourrice jusqu'à son entrée à l'école. Pendant les vacances, elle a passé le plus clair de son temps chez elle. N'ayant pas d'enfant, Monique la considère depuis toujours un peu comme sa fille.

Elle et son mari Gilbert, surnommé affectueusement Gibus par Audrey, exploitaient une ferme de superficie modeste. Chez eux, elle joignait l'utile à l'agréable. Pas dépaysée, aimant l'air de la campagne, elle les secondait volontiers. Audrey me raconte souvent son enfance auprès de Monique et Gibus. À chaque fois, ses yeux sont embués de larmes.

Et pour cause : en janvier 2008, elle a été marquée par le suicide de son oncle à cinquante-huit ans. En ces moments douloureux, j'avais pu lire sur son visage, habituellement si souriant, un énorme chagrin et une tristesse que je ne connaissais pas encore chez elle. J'ai alors compris combien il comptait pour elle. Lors des obsèques, Audrey avait d'ailleurs glissé une lettre dans son cercueil, souhaitant ainsi qu'il s'en aille sans oublier les moments heureux passés entre eux.

Je ne l'ai croisé que rarement. Bourru (dans le bon sens du terme), Gibus était pour moi un affectif. De taille modeste, avec sa tête rentrée dans les épaules et sa gitane vissée aux lèvres, il semblait renfermé. À force de le côtoyer, Audrey avait su percer cette carapace qui le caractérisait. Il était en fait animé d'une extrême bonté. Il aurait eu beaucoup de joie de découvrir Tristan, le fils de sa nièce chérie qu'il avait connue portant des couches.

Gibus a laissé son épouse dans une profonde solitude. Sa souffrance, notamment de ne pas avoir eu d'héritier, et sa détresse étaient sans doute trop grandes pour qu'il puisse sortir de la spirale infernale de la dépression. Pourquoi et de quel droit porter un jugement sur son geste ? Moi-même, j'ai maintes fois eu cette envie suicidaire. Glisser vers un monde inconnu sans ne pouvoir rien faire m'a conduit à vouloir me supprimer. Ces pensées fatales m'ont surtout harcelé fin 2011, pendant les trois semaines épouvantables passées à la maison entre mes deux hospitalisations.

Plus d'une fois, j'ai frôlé le pire dans le bois près de la maison. Je m'y réfugiais quand, mes symptômes s'aggravant, la peur m'envahissait. N'ayant plus la force de parler à quiconque, je savais que personne ne m'y surprendrait. La tête pleine d'interrogations, la fin de ma vie se profilait. Les arbres déracinés par la violence des vents accentuaient l'aspect morbide du décor. J'étais comme isolé dans un cimetière. Ces branchages enchevêtrés formaient des tombes. L'une était prête à m'accueillir. Le froid de l'hiver et l'obscurité dégageaient une atmosphère encore plus étrange. Ne me restait qu'à choisir l'arbre qui m'aiderait à quitter cette vie insoutenable et à m'assurer de la solidité de la branche autour de laquelle je fixerai la corde.

J'ignore encore par quel sursaut, je finissais par me relever et regagner la maison. Sans doute, y avait-il au plus profond de moi l'espoir que tout ceci n'était qu'un affreux cauchemar. Si j'avais su alors ce qui m'attendait dans la chambre 254 du CHU, je suis persuadé que j'aurai fini par me pendre.

Pour ce baptême, il est également évident d'avoir auprès de nous le frère du père d'Audrey. Âgé de 58 ans, Marc est handicapé du côté gauche depuis la naissance des suites d'un accouchement laborieux. Sa marche est lente. Ses gestes sont diminués et approximatifs. Son élocution est si confuse qu'il lui est difficile de se faire comprendre. Longtemps, il a travaillé dans un CAT. À la retraite depuis 2010, il vit seul à Fougères, (Ille et Vilaine) à une heure de route de Senonnes. Audrey et moi passons lui rendre visite de temps à autre.

Marc est installé dans un appartement modeste, situé au rez-de-chaussée d'un immeuble style HLM, construit au cœur d'un quartier plutôt calme. Une petite cour donne sur la rue. Quelques arbustes et une simple haie de buis font office de clôture. Il y passe ses journées, ne sortant que très peu. Le vendredi, il fait ses courses pour la semaine dans une supérette du coin. Cette solitude lui pèse. Son seul passe-temps est la télévision. Parfois, il séjourne chez une de ses sœurs domiciliée à Laval. Certains week-ends, il est chez les parents d'Audrey. La campagne lui fait le plus grand bien. Proche depuis toujours d'Audrey, Marc apprécie sa compagnie. Il se repose beaucoup sur elle.

La naissance de Tristan l'a comblé de bonheur. Depuis un an, lorsqu'il téléphone il ne manque jamais de réclamer de ses nouvelles. Sa présence en ce 25 mai est naturelle. Ce 25 mai s'annonce bien. Ma seule crainte est que ma santé me joue un mauvais tour. Ma maladie ayant des effets chroniques immédiats lorsque je me fatigue.

*

* *

Mais la veille, une nouvelle terrible anéantit la perspective de cette journée familiale. À croire que ce bonheur simple auquel nous aspirons depuis dix-huit mois nous est définitivement refusé.

Michel, mon beau-père, a un problème récurrent depuis quelques mois. Ses muscles du bras et de la main gauche dépérissent. Plusieurs consultations chez son médecin traitant et d'interminables séances de kinésithérapie n'ayant rien donné, il a pris rendez-vous chez un neurologue qu'il voit pour la première fois en ce vendredi après-midi. En quelques minutes, la vie de Michel bascule.

Dans la soirée, ma femme en pleurs m'apprend en effet que son papa est "probablement" atteint de la maladie de Charcot. Ce mal incurable à évolution rapide attaque directement les cellules nerveuses responsables du contrôle des muscles volontaires. La médecine ne dispose d'aucun traitement pour stopper sa progression.

Audrey n'a pas un caractère pessimiste. En la découvrant sanglotant, je saisis de suite la gravité de la situation. La veille de mon hospitalisation au CHU d'Angers, Audrey était dans la même détresse. L'histoire se répète.

Cette annonce brutale me bouleverse. Je me refuse pourtant à y croire. Le premier réflexe est de lui dire qu'une solution existe, qu'il n'est pas possible que la maladie touche notre famille encore de près. Et puis, il y a ce terme "probablement" employé par le spécialiste qui ne l'authentifie pas à 100 %. En fait, j'ai déjà très peur. M'efforçant de conserver un minimum de sérénité, je serre très fort Audrey dans les bras. Je le sais déjà : nous allons à nouveau devoir combattre ensemble l'insurmontable.

La soirée est cauchemardesque. Une de plus ! J'essaie de ne pas m'effondrer. Que dire à Audrey ? Pour avoir entendu des infirmières du CHU l'évoquer, je n'ignore pas la gravité de cette maladie. Un clic sur Internet ne fait que confirmer notre inquiétude. Sans doute, n'est-ce pas la meilleure manière pour se réconforter. Le neurologue ayant été avare d'explications, nous souhaitons ainsi savoir de quoi il en retourne exactement.

Cette recherche sur la toile confirme notre détresse. Les différents sites aboutissent aux mêmes conclusions : la durée de vie des patients après le diagnostic est relativement courte. Mon sang ne fait qu'un tour. J'explose. Je suis consterné qu'un spécialiste puisse annoncer à son patient qu'il a “probablement” cette maladie sans prendre le courage d'évoquer sa gravité, ni même fournir des détails.

Ce spécialiste a-t-il tout simplement estimé que le nom “Charcot” était inconnu de mon beau-père et de sa femme ? Qu'il n'avait donc aucune raison de perdre son temps ? Probable ! Comment peut-il avoir été aussi inhumain ? C'est honteux. Humanité, diplomatie, pédagogie, prévenance… L'expérience aidant, voilà les bases fondamentales que doit avoir toute personne du corps médical face à un patient atteint d'une maladie sérieuse.

Effondrée et bouleversée, Brigitte, ma belle-mère, nourrit déjà rancœur et frustration envers ce spécialiste. Quelques heures auparavant, ils ont quitté son bureau avec le nom de “Charcot” imprimé à jamais dans la tête tout en se heurtant à une indifférence blessante. L'annonce leur a été faite sur le même ton que lorsque une angine, une rhino… est diagnostiquée.

D'un tempérament plutôt calme, gentille, et discrète, Brigitte s'étonne : ce neurologue, totalement dépourvu de psychologie, n'a pris aucune précaution pour les prévenir que le pire est déjà pour demain. Il a pourtant l'expérience. Sa spécialité ne l'amène pas à traiter les maladies bénignes !

Avec un minimum de doigté, il aurait dû préciser que la médecine ferait en sorte qu'il vive au mieux cette période très délicate. Au lieu de cela, il s'est borné à signifier à Michel qu'il serait dorénavant suivi à Angers.

L'attitude de ce neurologue me met dans une colère noire. Elle s'inscrit en faux face à la démarche de ce professeur de neurologie, grande figure de la médecine qui, en janvier 2012, m'a rendu visite chambre 254 du CHU alors que j'étais à l'agonie.

Elle est à l'opposé de celle de son confrère angevin qui, la même année, a su trouver les bons mots sur ma maladie rare. Lui et Ph. son interne n'ont alors pas pris à la légère la dimension humaine. Si j'avais été alors considéré comme l'a été Michel, je serai sorti du CHU les deux pieds devant. C'est ma conviction.

Tout comme je suis déjà persuadé que la teneur de ce premier rendez-vous influera sur la façon dont mon beau-père affrontera ce mal qui le ronge depuis plusieurs mois.

En cette soirée horrible, impossible de fermer l'œil, je rumine ma colère. Je suis exaspéré qu'en 2013 guérir de cette maladie affreuse soit impossible. En matière d'innovations, L'Homme est capable de repousser toujours plus loin les limites lorsqu'il s'agit de préoccupations futiles. Les exemples ne manquent pas. Les médias s'en font l'écho quotidiennement.

À l'inverse, la recherche stagne dans des domaines vitaux et fondamentaux. La maladie de Charcot par exemple. Sans doute ma réaction est-elle exacerbée du fait que je suis depuis bientôt deux ans du côté des patients. Mais je suis indigné que rien ne puisse être fait pour le père d'Audrey. Qu'il soit déjà condamné ; à la différence de moi.

Le samedi, Audrey et moi nous efforçons d'afficher bonne figure, de mettre entre parenthèses ce drame pour que le baptême de Tristan s'inscrive dans la joie familiale. Avant la cérémonie religieuse, je préviens néanmoins mes parents et mes frères ; discrètement afin que mes larmes ne gâchent pas la fête. Mais en mon for intérieur, c'est déjà fait.

Michel et Brigitte sont exemplaires. J'évite de croiser leurs regards pour ne pas être submergé par l'émotion et la tristesse. Souvent pensifs, d'un courage sans faille, ils font comme si de rien n'était. Chapeau ! Mon handicap et la fatigue qu'il génère passent au second plan.

Le soir, la fête achevée, je n'en parle que brièvement à Audrey. Inutile de rajouter du stress au stress. D'autant qu'une autre mauvaise nouvelle est venue perturber cette journée : ma belle-sœur quitte mon second frère, père de deux jeunes enfants. Une rupture inique et choquante. Tanguy ne mérite pas cela. Il en va des couples comme du reste : l'herbe est toujours plus verte à côté…

Ainsi, va notre société de consommation.

*

* *

Depuis un mois, deux fois par semaine, je vais chez le kiné à une quinzaine de kilomètres de la maison. Une ambulance m'y conduit. Comme d'habitude, l'évolution n'est pas immédiate, ni très significative. Chaque jour je m'exerce comme si je faisais mes devoirs du soir après l'école.

Je reprends mon crayon ergonomique sans progrès notables. L'écriture demeure saccadée. La douleur aux doigts et à l'avant-bras se réveille encore rapidement. Je teste ma stabilité sur un pied, remarche sur les lignes de mon carrelage. Je tente même de grimper sur une échelle pour accéder au grenier. Je n'insiste pas. Dès le second barreau, le vide me fait toujours une peur bleue ! Je m'en étais déjà rendu compte au centre lorsque je m'essayais à monter et à descendre seul les escaliers.

16 juin 2013. Tristan a un an. Un anniversaire qui est l'occasion de faire un bilan de l'évolution de ma maladie. Quoique bien réel, le mieux n'est pas à la hauteur de mes espoirs. Sauf en ce qui concerne la stabilité. Désormais, j'ai une vision quasi normale de l'environnement immédiat. Mon élocution s'est également améliorée depuis juin 2012.

Dans les autres secteurs, je stagne. Les paliers de septembre et janvier n'ont pas été "transformés". Concernant la coordination, l'équilibre, la marche, l'écriture, je suis encore "loin du compte" ! Sans cesse, mon corps me met en garde, m'incite à la vigilance. Ainsi, dès que je fatigue, mon instabilité augmente et les maux de tête me rappellent à leur mauvais souvenir.

Pour souffler la première bougie de Tristan, nous avons réuni ses grands-parents et ses deux parrains, Maxime et Johan. Et avons vu les choses en grand. Pas question de repousser cet événement même s'il tombe trois semaines après le baptême. D'autant que la santé de Michel nous incite à profiter au maximum des bons moments de la vie. Audrey a réservé une table dans un restaurant troglodyte près de Saumur, à deux heures de Senonnes. Le menu est aussi typique que cet établissement creusé dans le tuffeau. Après le repas, nous arpentons les multiples galeries souterraines, visitons le musée des commerces anciens. Ravi de la réussite et de l'originalité de cette journée, je suis aussi content de rentrer à la maison. Tant je suis fatigué. Depuis deux ans, je n'ai jamais effectué un aller et retour aussi long. Tenir une conversation dans la voiture et au restaurant, avoir marché plus que d'habitude, m'a exténué. Comme "d'hab", la punition est immédiate : entre le matin et le soir, mon instabilité s'est aggravée.

Et la fête n'est pas finie. Audrey a préparé à l'avance un dîner pour tous. L'ambiance est là. Je sors la planche à palets. Tout un symbole. Depuis des années, il égaie les soirs d'été, lorsque le soleil ne disparaît que vers 23 heures. Michel est un fin joueur, aimant me chambrer avec sa petite pointe d'humour et son air malicieux si attachant. J'aime cette ambiance bon enfant et amusante.

Depuis fin 2011, elle n'a plus cours. Et je sais que jamais je ne retrouverai mes sensations d'avant. Je m'exerce seul dans le jardin depuis plusieurs mois. Pour voir, comme ça… Les débuts sont catastrophiques. Mes tremblements et ma vision défectueuse m'empêchent de lancer correctement le palet. Je n'ai aucune notion de ma force ni de la longueur qui me sépare de la planche. Ramasser les palets et se relever exige un effort considérable… C'est un désastre.

Audrey acceptant de disputer quelques parties, je persévère néanmoins. La technique revient. Peu à peu. Faute de marquer des points, je finis par pointer un palet sur la planche. Une première victoire qui ne me satisfait pas. "Accro", je profite de mes ultimes séances de chez le kiné du centre pour parfaire mon entraînement. Cet exercice ludique plaît au thérapeute car il fait travailler coordination et vision. Impec !

En cette fin juin, je suis quasiment aux taquets. Quelques astuces pallient mes déficiences. Et je mets au défi quiconque de découvrir qu'évaluer à quelle distance se situe la planche m'est impossible ! Pour moi, le palet que je pratique désormais est très différent de celui d'avant la maladie. C'est un nouveau jeu qui fait appel à d'autres sens ; ceux appris au centre de rééducation. Mon beau-père avait raison.

Il y a dix-huit mois, poussant mon fauteuil roulant dans les couloirs du CHU, il me disait : « *Tu verras un jour, tu rejoueras comme avant.* » Et d'ajouter taquin : « *Tu arriveras même à me battre.* » Je ne le croyais pas. J'avais tort. En cette soirée du 16 juin, nous sommes tous les deux sur la pelouse du jardin avec nos palets face à la planche. L'une des dernières disputées ensemble, sa santé se dégradant chaque jour un peu plus.

Depuis ce matin, j'ai essayé d'appliquer le message qui est désormais mon fil conducteur : cueille le jour présent sans te soucier du lendemain. De profiter au maximum de l'anniversaire de Tristan et des miens. Mais comment faire l'impasse sur le drame qui s'est abattu depuis trois semaines sur Michel ? J'évite de scruter son visage vide, apeuré, plein d'interrogations. Je ne veux que capter ses sourires furtifs et la joie qui l'éclaire encore parfois. Je connais que trop cette sensation d'être au fond du trou lorsque l'espoir ne cesse de s'éloigner, d'être seul, entouré certes, mais seul. Des moments terribles. Mieux que quiconque, je sais que cette solitude le rongera jour après jour.

*

* *

Audrey et moi savons à quoi nous attendre. Les prochains mois s'annoncent éprouvants. Il nous faudra être au plus près de Michel, l'aider à affronter sa maladie et la dégénérescence progressive. Le rassurer aussi. Moi, en lui montrant que je gère mon handicap ; Audrey en assumant de plus en plus de responsabilités dans la gestion de leur exploitation. Je m'inquiète pour elle. Comment supportera-t-elle cette surcharge de travail ? Audrey est forte mais n'est-ce pas trop lui demander ? Tenir au quotidien, se serrer les coudes, voilà ce qui nous attend.

La maladie de Michel ne doit pas m'être préjudiciable, ni être le motif d'une éventuelle régression. Comment affirmer la volonté d'aller de l'avant alors que, dans le même temps, mon beau-père que je côtoie tous les jours, se résigne à une fin prochaine ? Comment concilier ces deux trajectoires qui en ce début d'été se croisent ?

Audrey et son père qui a encore quelques forces travaillent dur à la ferme. Leurs journées s'étirent. Toujours occupés, ils savent aussi être disponibles pour moi. Parfois, je leur rends une courte visite. Ils apprécient ma présence. Mais je ne m'attarde pas. Je ne souhaite pas les déranger et voir Audrey suppléer chaque jour un peu plus son père ravagé par le mal me chagrine.

Pour me rendre à la ferme, je me déplace généralement à pied. Désormais, mon bâton de marche remplace ma béquille. Même si je "tangue" un petit peu plus, il me procure une extrême sensation de liberté. Un après-midi, j'attrape seul mon vélo, malgré les réticences justifiées de mon kinésithérapeute et prend la direction de la ferme. Trois cents mètres à parcourir, un seul virage à négocier : c'est "en principe" dans mes capacités. Le démarrage et l'arrêt demeurent compliqués, je le sais pour avoir déjà pédalé dans le jardin. Gare aussi à l'obstacle inattendu !

Effectivement. À deux reprises, je chute. Une première fois sans gravité en m'élançant. À terre, je retrouve rapidement mes esprits. La seconde fois, je suis incapable de me relever.

Par chance, Audrey n'est pas loin. Ayant chuté près de la maison, je crie pour qu'elle accourt. J'ai mal partout, envisage déjà une fracture. Les fortes doses de corticoïdes ont fragilisé mes articulations. J'en souffre surtout la nuit. Mon corps a perdu de sa robustesse. Je redoute que mes os, mes tibias, mes fémurs, mon bassin craquent au moindre choc… à la moindre chute. De vélo par exemple.

Audrey me soutient jusqu'au fauteuil du salon. La douleur ne diminue que lentement. Je suis fou de colère. Jamais plus, je ne reprendrai le vélo. L'accident aurait pu être dramatique. Et surtout, j'en sais la cause. J'en ai par-dessus la tête de me concentrer pour maintenir le guidon dans la bonne direction, pour donner des coups de pédales, pour conserver la tête bien droite. Ras le bol !

Mon kiné n'est pas surpris. Ne m'a-t-il pas averti des éventuels risques ? Je suis décidemment buté. Faire du vélo aussi librement que possible est un des caps que je me suis fixé. Et je veux absolument l'atteindre. Mais il a raison. Je me résigne dans l'espoir de jours meilleurs pour… le vélo et son utilisateur.

Un vœu non exaucé. Quelques mois plus tard, j'ai retenté l'expérience. Sans succès. Pédaler en toute sérénité était toujours impossible. J'avais atteint mes limites.

Plus question de refaire un jour du vélo.

*

*   *

Dans le monde agricole, l'été n'est généralement pas synonyme de vacances. Mes difficultés de déplacement et la maladie de Michel font qu'elles sont encore moins à l'ordre du jour. Il y a cependant urgence à changer d'air pour Tristan, pour notre couple.

Mi-août, nous nous octroyons trois jours. Cap vers le nord de la Mayenne dans la maison qu'occupe Maxime pour son travail. Mon beau-frère, passant ses vacances à Senonnes, remplace Audrey aux côtés de leur père, de plus en plus diminué et désormais incapable de conduire seul l'exploitation ; ne serait-ce qu'une journée. Maxime n'a que vingt-deux ans mais le travail de la terre ne l'effraie pas. Il connait le job pour y baigner depuis l'enfance. Et puis il peut compter sur Brigitte. Depuis toujours, sitôt sortie du bureau le soir, les week-ends elle rejoint son mari et sa fille à la ferme. Elle donne un coup de mains pour la traite, parfois grimpe sur le tracteur aux côtés de Michel...

Des moments de travail mais aussi de bonheur et de solidarité familiale qu'elle apprécie. Depuis deux ans, elle est encore plus présente qu'auparavant compte-tenu de ma maladie et désormais de celle de Michel.

Ces trois jours nous font du bien. Grasses matinées, courtes balades l'après-midi, farniente le soir suffisent à notre bonheur de parents. J'évite, comme toujours, des marches inutiles afin de ne pas solliciter plus ma jambe droite toujours douloureuse et incontrôlable.

Et je me fais une règle d'extérioriser encore moins qu'à l'habitude, ces difficultés persistantes. Pour Tristan auprès de qui je dois me consacrer vingt-quatre heures sur vingt-quatre.

Pour Audrey qui, pour la première fois depuis bien longtemps, souffle trois jours d'affilée.

*

*   *

Fin de l'été, ultimes beaux jours et déjà l'automne sonne à la porte. Le calvaire de Michel s'accentue. Depuis septembre, sa démarche est de plus en plus nonchalante. « *Il marche avec des boulets attachés aux pieds* », nous rapporte Brigitte. Lui ne se plaint pas. Jamais. C'est sa force. Devant sa femme et ses enfants, il garde un sang-froid exemplaire, se refusant à leur révéler l'ampleur de son mal.

Quand nous nous retrouvons tous les deux seuls, nous discutons de tout et de rien ; faisant abstraction de nos maux. J'imagine qu'il souhaite ainsi que je ne m'inquiète pas à son sujet. Il craint que, préoccupé par la régression de son état, je décline. Je souffre pourtant pour lui. D'ailleurs, son attitude et son visage finissent par le trahir. La joie et son optimisme s'estompent.

Désormais, nous partageons le même kinésithérapeute. Il me fait comprendre que les séances ne peuvent enrayer sa détresse ; juste soulager ses souffrances. Mon beau-père est pourtant encore suffisamment valide pour se rendre au cabinet en voiture.

Une fois par semaine, le mercredi matin. L'idée de grimper dans une ambulance le fait frémir. Sans doute souhaite-t-il conserver son indépendance le plus longtemps. S'y résoudre signifierait qu'il ne conduira jamais plus.

Sans doute redoute-t-il également le regard des autres. J'ai connu… et le vis encore trois ans après. Mais désormais, je n'en ai plus peur. Je l'ai accepté. Pour Michel, c'est trop tôt ou déjà trop tard.

L'automne, une saison que je redoute. Chaque jour, elle nous rapproche des froids de l'hiver et surtout de l'anniversaire du déclenchement de ma maladie, il y a deux ans. Et puis Audrey est toujours très occupée à la ferme, Tristan est chez sa nourrice.

Seul à la maison pendant la journée, je ressasse ma vie depuis novembre 2011 : une descente aux enfers brutale sans signes précurseurs ni explications, des mois d'agonie au CHU d'Angers et une rééducation interminable.

Pourtant, je reste animé de la même soif de progresser. Mais c'est lent, trop lent. Je n'ai qu'une obsession : ne pas être à nouveau le mort vivant que j'ai été. Même si les "bas" récurrents me rappellent que la maladie et les séquelles me guettent toujours, je me dois de ne jamais penser au pire et au risque possible que j'explose une seconde fois. La volonté ne doit pas m'abandonner à l'aube de ce troisième hiver.

L'amélioration de mon élocution, grâce aux séances chez l'orthophoniste, m'y encourage. Je savoure à la perspective de m'exprimer à nouveau comme tout le monde. Certes, ma parole est encore décousue ; notamment en fin de journée lorsque je suis fatigué. Butant sur mes mots, je suis alors comme… le canard en peluche de Tristan qui fonctionne à piles. Lorsqu'elles s'usent, le son devient bizarre.

Par contre, je suis plus circonspect en ce qui concerne la kiné. Mon corps a-t-il atteint les limites de ce qui est possible ? Je me fais à l'idée que plus rien ne sera comme avant 2011.

Je n'en dis rien mais l'espoir entretenu depuis mon admission au centre de Laval s'efface peu à peu derrière ce rêve inaccessible qu'un jour l'instabilité disparaîtra complètement ; que mes pertes d'équilibre ne seront plus qu'un mauvais cauchemar ; que je marcherai sans ma béquille dans les endroits accidentés ; que je n'aurai plus à me concentrer pour prendre un verre ; que j'écrirai sans crispation dans mes doigts et mon bras ; que je monterai sur un escabeau ou sur un vélo ; que…

Parfois, j'imagine aussi que mes maux de crâne se raréfieront enfin ; que la tension derrière la tête disparaîtra ; que je lèverai les yeux sans être pris de vertiges ; que je dormirai sur le dos sans risque de perdre connaissance. Je rêve tout simplement qu'un jour, demain, après-demain, bientôt… je revivrai normalement. Comme avant. Un rêve.

*
* *

Fin octobre, énième rendez-vous avec mon neurologue. Il est précédé d'une IRM de contrôle. J'attends beaucoup de cette consultation. Deux ans après le début de mes souffrances, le médecin est capable de cerner les réels symptômes qui persistent et m'handicapent. Il pourra, j'espère, mesurer précisément l'impact de la maladie sur mon cervelet et les séquelles engendrées. Je sais aussi que le traitement administré depuis janvier 2012 ne doit pas excéder deux ans. On arrive à terme…

Dans son bureau, je comprends une nouvelle fois que j'ai frôlé le pire. Que je suis un miraculé. L'inflammation est stoppée, certains symptômes régressent. Il en est satisfait. J'apprends également que la nécrose est plus précisément localisée sur ce qu'il appelle le "*noyau dentelé*". Conséquence : le point qui régit en priorité l'équilibre est mort. Il me précise d'ailleurs que la neurosarcoïdose ne touche habituellement pas cet endroit du cervelet. Décidemment, j'excelle dans la rareté de ce qui m'est arrivé !

Je lui pose nombre de questions. Il ne s'en étonne pas. Chaque point abordé – l'équilibre, l'instabilité, la fatigue, le manque de coordination – obtient d'abord de lui plus un regard franc et sincère qu'une réaction… Une manière de me rappeler mon état d'il y a deux ans. Que lui répondre sinon : *« Vous avez raison, je reviens de loin. »*

Le neurologue est très clair. Il a longtemps pensé que les séquelles seraient bien plus importantes. Je ne dois plus trop m'attendre à des améliorations. Des propos durs mais je m'en doutais déjà avant ce bilan. Mon corps devant souffler, il stoppe pendant deux ou trois mois la kiné.

Plutôt que de l'arrêter brutalement, il réduit progressivement le traitement immunosuppresseur. Pas de risques inutiles : l'objectif est de l'interrompre définitivement avant la prochaine consultation dans six mois.

Dubitatif au début sur son impact, le neurologue est, deux ans après, plus que satisfait de cette prescription. Il ne s'en cache pas. Elle a enrayé la gravité de la maladie et l'inflammation du cervelet. Autant le faire savoir.

Il me demande donc l'autorisation de publier une communication sur mon cas dans un magazine de santé (sans divulguer mon identité) afin d'évoquer particulièrement les effets de ce traitement immunosuppresseur CELL CEPT. Je suis un cas d'école, intéressant pour le corps médical. Je ne m'y oppose pas bien évidemment. Si cela sert à d'autres patients et limite leur souffrance…

Sur la route du retour, Audrey et moi commentons longuement ce rendez-vous. Le médecin a confirmé mes appréhensions : mon état est stabilisé mais je ne dois pas m'attendre à une amélioration notable. Je ne suis pourtant pas déçu par ses conclusions. Quelque part, elles me rassurent.

L'annulation de mes séances de kinésithérapie entre décembre et février 2014 en est l'illustration. Curieusement, alors que depuis des mois je n'ai de cesse de les enchaîner, j'apprécie ce report. Il est temps de prendre un peu de recul sur leur réel apport. Mais cette interruption temporaire est aussi un signe. Ne marque-t-elle pas concrètement la fin de mes progrès ?

Deux années d'efforts ont épuisé mon corps. Il n'en peut ni n'en veut plus. La lassitude s'est installée. En cette fin 2013, je m'y résous encore un peu plus : les séquelles resteront à jamais ancrées en moi.

*
* *

Les deux séances d'orthophonie mensuelles portent donc leurs fruits (lire pages précédentes). Parfois Audrey, plus généralement mes parents m'y emmènent. Ces allers et retours ne sont pas vains. Subsiste une préoccupation : je ne suis pas attentif à ce que je lis. Souvent troublé ou distrait, je me reprends à plusieurs fois avant d'assimiler le sens d'une phrase. M'en étant déjà aperçu dans la vie quotidienne, je n'y ai guère prêté attention. Ce n'était pas la priorité d'alors.

Maintenant que je me porte un peu mieux, ce défaut de concentration qui resurgit me dérange. Lorsqu'on me parle, mon cerveau est comme vide, incapable de répondre ou d'alimenter une conversation. "La tête dans les nuages", je suis comme ailleurs alors qu'en fait, je suis extrêmement attentif.

Conséquence : j'esquive les discussions. Une gêne jusqu'alors peu évoquée avec Audrey. Pourquoi en rajouter ? Pas dupe de mon côté "tête en l'air", elle me reprend souvent à la maison en me rappelant qu'elle a déjà répondu à ma question cinq minutes auparavant. Pour ne pas la froisser, ni l'inquiéter, je clos alors bêtement notre échange par *« ah, oui peut-être. »*

La thérapeute n'est pas surprise : « *Cette attention difficile est un symptôme qu'une personne atteinte d'un syndrome cérébelleux peut ressentir* », m'apprend elle en me conseillant de passer un bilan neuropsychologique. Ce qui n'a pas été ordonné au début de ma maladie. J'en étais incapable ; les priorités étant ailleurs.

J'en profite également pour lui dire que j'estime être en fin de progression, hormis les troubles cognitifs. Parti de très bas, mon élocution est désormais plus que compréhensible, à l'exception de quelques hésitations dues pour l'essentiel à la fatigue de fin de journée. Je m'en satisfais. Surtout comparé à deux ans auparavant.

Elle aussi a bien conscience qu'au stade où j'en suis, je n'irai pas beaucoup plus haut. D'autant que mon propos n'est en aucun cas un signe de renoncement. Elle le sait pertinemment. J'ai toujours la même volonté de progresser. Sans cela, comment y serai-je arrivé ?

Notre dernière séance est empreinte d'émotion. Que de chemin parcouru depuis les premiers exercices qu'elle me donnait et que je travaillais des heures à la maison, répétant à voix haute dans le jardin des phrases (voir ci-dessous) ne signifiant rien, uniquement destinées à améliorer mon élocution.

Trois tortues trottaient sur trois étroits toits ; trottant sur trois étroits toits, trottaient trois tortues trottant.

Je m'exerçais aussi à remuscler ma langue en la claquant. Ces entraînements qui prêtent à sourire m'ont été bénéfiques. Pour la première fois depuis maintenant deux ans, je n'ai plus aucune séance de rééducation. Une nouvelle étape. Je dois désormais gérer seul l'évolution de ma santé en évitant de m'affoler au moindre symptôme ou mal de tête plus important qu'à l'habitude.

*

* *

Le 25 décembre approchant, nous programmons une balade au marché de Noël. Pas n'importe lequel. Celui d'Angers. Avant 2011, Audrey et moi y avions nos habitudes. C'était notre sortie privilégiée en ce dernier mois de l'année. Normal d'en faire profiter Tristan qui a désormais dix-huit mois.

À vrai dire, je suis un peu tendu. Comment ne pas associer Angers à CHU, décembre à ce fameux jour où j'ai été admis aux urgences ? Comment ne pas redouter la foule et les bousculades ? J'évite d'en parler à Audrey. C'est mieux ainsi. Je me dois de surmonter mes angoisses. Lesquelles encombrent mes pensées. Souvent encore, la seule perspective d'une sortie et des risques encourus font que, bien avant, je me replie sur moi-même solitaire. Redoutant cette réaction, j'ai pris pour habitude de ne jamais échafauder de plans plus de huit jours à l'avance pour ne décevoir personne ; ni Audrey, ni moi.

Par chance, ce samedi, le bonheur d'être tous les trois à déambuler de stand en stand, à déguster un chocolat chaud accompagné d'une gaufre, à sentir les châtaignes grillées, à faire quelques achats, l'emporte sur le stress. Je redécouvre une ambiance et une chaleur oubliées depuis le Noël d'il y a trois ans. Avec une pointe de nouveauté. Je savoure mon bonheur d'être là, deux ans après le drame, de pouvoir partager, moi, ma femme et mon fils ces heures incroyables au regard des circonstances. En cet après-midi, je ressens même de la fierté de voir enfin Audrey "revivre" malgré la maladie de son père.

Au moment de repartir, la fatigue est pourtant là. Mes jambes me font souffrir. Je me traîne. Heureusement, j'ai ma béquille. Sans elle, les badauds penseraient que j'ai abusé du vin chaud ! Cette joie simple nous fait un bien fou. Le moral en a besoin ; la santé de Michel étant chaque jour plus incertaine.

*
* *

Depuis fin octobre, mon beau-père n'est plus aux côtés d'Audrey à la ferme. Une par une, il a dû renoncer aux tâches essentielles. Grimper dans le tracteur lui est devenu impossible. Jusqu'alors il se cramponnait comme il pouvait avec son bras droit et sa main droite encore suffisamment musclés pendant qu'Audrey, attrapant ses pieds l'un après l'autre, les posait sur les marches du tracteur. Désormais, son épouse le supplée même occasionnellement à la traite lorsqu'elle rentre du bureau.

Les semaines passant, pailler la stabulation finit par être son dernier et unique travail. Il s'y accroche le plus longtemps possible. Le mental prend le relai sur le physique. Ses efforts épuisants lui permettent de repousser au maximum ses limites et de tenir une bonne partie de l'automne.

Inexorablement, ses sorties se raréfient. Sa voix baisse. Lui si fin gourmet et jamais rassasié, perd l'appétit. Je ne reconnais plus l'homme qui deux ans auparavant m'encourageait dans les couloirs du CHU : « *Cela va être long, mais ça va aller.* » Que son gendre puisse connaître de graves problèmes de santé lui était inconcevable.

En cet automne, j'ai terriblement mal pour lui. Ce qu'il subit ressemble à ce que j'ai vécu. Par chance, il n'est pas confronté à la désespérance du quotidien hospitalier. Il ne le supporterait pas. Tous les siens sont là pour le soutenir. Audrey concilie la ferme et la gestion de son père. Elle redouble d'efforts mais les journées ne sont jamais assez longues.

Maxime se propose de travailler à ses côtés. Un an auparavant, il a été recruté par une entreprise implantée dans le nord de la Mayenne. Il s'occupe du service après-vente des remorques agricoles. Son avenir professionnel n'est pas tracé définitivement. S'il se cherche encore comme beaucoup de jeunes de son âge, il n'a jusqu'alors certainement pas envisagé de rejoindre l'exploitation familiale.

Le 1er novembre, c'est fait. Son père tente de s'y opposer. Il souhaite tant que Maxime s'épanouisse dans un métier choisi librement. Audrey est du même avis, étudie d'autres solutions. Mais son choix est arrêté. Mon beau-père passe la main à Maxime dans la douleur.

Michel travaillant avec sa fille depuis maintenant quatre ans ; une réelle complicité s'est créée entre eux deux. Ils partagent les mêmes traits de caractère. Optimistes, gais, bosseurs, ils ont toujours été animés par l'envie de développer l'exploitation, d'aller de l'avant. La maladie a été un coup d'arrêt dans ce dynamisme commun.

Affronter la mienne puis celle de Michel est un combat épuisant pour Audrey. Son sourire et sa joie de vivre s'effacent peu à peu. Comment supporte-t-elle, malgré son jeune âge et ses responsabilités, ce terrible enchaînement ? Elle est toujours présente quand le moral de son père est au plus-bas. Elle est encore là lorsque sa mère « craque ».

Le soir rentrée à la maison, parfois elle me raconte combien elle est usée de découvrir son père en pleurs, sa mère admirable à ses côtés, incapable de trouver les mots pour le réconforter.

En cet automne, souvent je passe mes journées avec Michel. Je lui parle avec beaucoup de sincérité, lui exprimant mes états d'âme d'il y a deux ans. Si à l'époque, les discours ne me faisaient pas avancer, ils avaient au moins le mérite de ne pas me faire sombrer plus.

Je lui rappelle combien ses mots d'alors m'ont permis d'y croire encore. Et que si l'espoir est mince, il faut se battre. Je souhaite qu'il affiche cet optimisme qu'il a toujours montré. Michel est un exemple.

En cette fin 2013, les propos qu'il m'a tenus peu après l'annonce de sa maladie me revienne sans cesse en mémoire : « *Je ne demande qu'à vivre le plus simplement possible, mon bras et ma main c'est secondaire.* » Il acceptait alors cette perspective. J'en étais soulagé.

Sa maladie s'intensifiant, il finit par comprendre que son bras et sa main gauche ne fonctionneront plus jamais, que les douleurs aux jambes ne disparaitront pas, que sa voix ne sera plus comme avant… Je lui répète alors qu'il faut profiter de chaque jour, de chaque moment susceptible de gommer un peu la souffrance.

L'optimisme dont il faisait encore preuve quelques semaines auparavant fond. Un engrenage rapide. Mes exhortations perdent de leur sens. J'ai le sentiment de lui avoir menti, espérant alors que sa maladie se stabilise. Je n'ose plus lui parler.

Je me suis trompé sur son devenir comme la plupart des gens qui, dans les premiers mois de ma maladie, pensaient que mon état n'allait jamais tomber si bas. J'en ai marre de le pousser à se battre encore et encore, marre que rien ne ressemble à ce que je lui ai dit jusqu'ici.

C'est dans cette atmosphère lourde que nous fêtons Noël. Le 24 décembre, nous sommes chez mes parents avec mes trois frères, mes neveux, et ma belle-sœur. L'épouse de mon autre frère n'est pas là. Entre eux, la situation ne s'est pas arrangée depuis fin mai 2013.

Ce soir-là, je suis usé et fatigué et donc peu enclin à fêter l'événement. Je redoute que ma maladie me joue encore un sale tour. Je goûte quand même au plaisir de découvrir Tristan ouvrant ses paquets. Cette joie est gâchée : je ne cesse de penser à mon beau-père.

Comment vit-il cette soirée ? J'ai peur que ce soit son dernier Noël. J'ai déjà beaucoup de mal à me concentrer, c'est encore plus difficile ce soir. J'efforce de cacher mon malaise pour ne pas perturber le repas. Nous parlons de tout et de rien ; surtout pas de nos soucis.

Le lendemain midi, comme tous les ans, la fête se "transporte" chez ma belle-famille. Lorsque Tristan s'émerveille devant ses cadeaux, les yeux de Michel scintillent. Il offre à son petit-fils une voiture à pédales de collection. Un cadeau sublime qu'il lui réservait pour ses quatre ou cinq ans. Mais il a voulu être encore là quand Tristan découvrirait cette *Baghera* rouge qui porte le numéro 2 et sur le capot de laquelle est inscrit *Monaco 1926 – Rallye international.*

La joie intérieure de mon beau père confère une dimension encore plus symbolique à ce cadeau. Depuis, elle est rangée dans la chambre de Tristan. Souvent, je me surprends encore à la contempler. Le chagrin se mêle alors à l'incompréhension. Ce repas m'est difficile. Michel a du mal à parler. Il est très fatigué. Sa souffrance ressemble à la mienne lors des premiers mois de la maladie, lorsque sortir un mot de ma bouche nécessitait un tel effort. Audrey et Maxime nous quittant vers 16 heures 30 pour s'occuper des bêtes, je reste avec mes beaux-parents. Tristan fait le spectacle. Son innocence détend l'atmosphère.

Mais que mon beau-père se repose sur le canapé pendant que ses enfants s'activent à la ferme génère chez moi une sensation bizarre. Les souvenirs remontent. Ses propos toujours malicieux me reviennent : « *Je vais faire la traite. Dès que je reviens, on joue à la belote, histoire que je gagne !* » Sortant déjà le jeu de cartes, j'attendais avec impatience son retour. Et perdais... Pour la première fois, sa jovialité légendaire n'est pas au rendez-vous de Noël. Pourtant, Audrey et Maxime rentrés, nous sortons le jeu. Michel ne pouvant plus utiliser sa main droite, son fils lui a confectionné un support en bois courbé avec une légère fente pour apposer ses cartes et les prendre plus facilement.

Espiègle, Michel est un "chambreur" né. Il sait toujours amusé de mon caractère, parfois impulsif, lorsque je perds mes moyens. Notamment à la belote. En cette fin d'après-midi, il trouve encore le courage d'afficher sa taquinerie mais avec retenue. J'en suis certain : il préférerait se reposer plutôt que de taper le carton. Mais il se joint à la table, pour nous, ses enfants ; pour respecter cette tradition familiale si précieuse. La première partie l'épuise déjà. Nous rangeons les cartes.

Ces deux jours de fête m'ont éreinté. Et pour la Saint-Sylvestre, nous renonçons à sortir entre amis ou à réserver une table dans un restaurant. Je ne suis pas fan de ce genre de soirée et nous avons l'esprit ailleurs. Nous réveillonnons en famille à la maison et sommes couchés avant minuit. Le lendemain lors du repas chez mes beaux-parents nous n'échangeons que de timides vœux avec Brigitte et Maxime. Que dire à Michel ? Seule, une baguette magique peut le sauver ; cette baguette que j'ai si longtemps réclamée sur mon lit d'hôpital.

En ces premiers jours de 2014, je mesure d'ailleurs combien l'expression "bonne année" n'a plus de signification particulière. Désormais, quand on me la souhaite, je me détourne. Je ne peux m'empêcher de penser qu'en janvier 2011 j'ignorais quel cauchemar me frapperait onze mois plus tard ; qu'en janvier 2013 j'ai présenté mes meilleurs vœux à mon beau-père à qui cinq mois après l'on a diagnostiqué la maladie de Charcot.

Depuis Noël, le mal a encore progressé. Michel a pris dix ans en une semaine. Ce n'est plus le même homme. Il a baissé les bras. Son regard est vide. Il ne parle quasiment plus. Ses muscles le lâchent un par un. Souffrant des jambes, s'asseoir, se redresser sur le canapé, exige beaucoup. Il tousse, avale de travers… La maladie le terrasse. Ses nuits sont de plus en plus angoissantes. Il supporte difficilement de rester dans la chambre, redoute d'étouffer.

Les après-midi, je le découvre dans le salon, sur le canapé à lire ou à regarder la télé. Il ne peut faire que cela. Se relever seul est mission impossible. Marcher également. Comme depuis toujours, il me tend le journal. Je le parcours assis à côté de lui. Afin de lancer une conversation, je réagis à l'actualité. Il me répond brièvement, sans entrain. Parfois, il m'interroge sur ma santé. J'élude.

En début de soirée, Tristan rentré de chez sa nourrice, je repasse avec lui chez mes beaux-parents prendre un café. Un rituel entamé pendant ma maladie. L'apparition quotidienne de son petit-fils lui procure un immense plaisir.

*

* *

Un après-midi, profitant de la présence de tous, et ne supportant plus la longue dégringolade de mon beau-père, je brise le silence soucieux de percer l'abcès insidieux qui chaque jour plombe un peu plus notre famille.

Depuis déjà quelques jours je “rumine mon affaire”. Audrey est au courant. Je n'en peux plus de le voir quasi indifférent à la maladie qui le ronge à petit feu. Notre combat à tous, sa femme, ses enfants et moi-même devient de plus en plus difficile.

Tous attablés autour d'un verre, je me lance : « *Te voir ainsi nous est insupportable, nous allons faire en sorte d'améliorer ton quotidien. Mais tu dois nous y aider par ta volonté de te battre. Rappelle-toi, il y a deux ans au CHU, je n'avais plus envie d'entendre qui que ce soit, aujourd'hui je me réjouis de dire qu'ils avaient raison. Tu dois accepter d'être assisté à ton tour par les autres ; les efforts déployés par ta femme et tes deux enfants s'avérant éreintants. Tu dois admettre qu'une ambulance te conduise chez le kinésithérapeute, qu'un déambulateur et bientôt un fauteuil roulant soient livrés, d'aménager la salle de bains…* » Beaucoup de changements qui plus est pas synonymes de guérison.

La résignation qui s'est emparée de lui depuis quelque temps est inefficace et inutile. Il doit montrer que le plus fort, c'est lui et non la maladie. Ces propos font mal, très mal. Je le sais mieux que quiconque. Moi-même au début de la maladie, je n'ai pas voulu entendre parler d'une quelconque rééducation, du mot handicap… J'ai pourtant accepté la rééducation. Même si elle a été très longue, j'ai retrouvé des sensations et minimisé certains symptômes. Il a fallu que je m'habitue à mon handicap, comme lui au sien. Michel est en larmes. Sa femme, ma femme et mon beau-frère le prient de m'écouter. Cette intervention venant de moi, il l'admet mieux, sachant ce que j'ai enduré.

Pour le rassurer, j'évoque un protocole médicamenteux qu'il devrait tester ; la médecine étant impuissante face à sa maladie. Lu sur Internet, il est proposé depuis un an à un patient souffrant du même mal. Son entourage a créé une association pour réunir des soutiens financiers. Depuis, plusieurs reportages ont été consacrés à cette personne et à sa joie de vivre malgré son très lourd handicap. Ce traitement ne fait pas de miracles mais il améliore certaines facultés. Ainsi, elle a retrouvé la sensation de plusieurs de ses doigts. Savoir que l'on peut tenter quelque chose est un soulagement. On va s'efforcer d'en savoir plus. Comment prend-il cela ? Est-ce pour lui enfin un espoir ? Ou pense-t-il tout simplement : « *Essayez toujours si cela vous fait plaisir et vous réconforte ?* »

Je regagne notre maison avec le sentiment de l'avoir un peu "reboosté". Et je suis pressé d'entamer les démarches pour obtenir le protocole et qu'il prenne conscience de l'aide matérielle proposée. Sans doute ai-je été virulent. Mais c'est pour lui. Je veux le persuader que tout n'est pas perdu et que j'ai dû me battre, moi aussi, pour ne pas sombrer.

Un nouvel épisode commence. Très vite, une ambulance passe. Audrey est soulagée : c'est elle qui l'emmenait habituellement chez le kiné. Ce jour-là, je suis à ses côtés lorsqu'il grimpe dans le véhicule. S'exprimant de plus en plus mal, engager la conversation le stress. Je m'en charge. Il apprécie.

*

* *

Février 2014. Je reprends la kiné après deux mois d'arrêt. Une interruption sans effet. Ni en bien, ni en mal. Mon équilibre n'a pas évolué. Je me cogne encore parfois dans les recoins de porte. Je dois toujours autant me concentrer pour que ma jambe droite soit la plus fluide possible et que ma trajectoire ne dévie pas trop.

Je n'oublie pas non plus les propos du neurologue : « *Vous ne devez plus vous attendre à des améliorations significatives.* » Ils ne m'ont pas dissuadé. Je compte bien encore progresser. L'ambulance, la même que celle de mon beau-père, me prend à la maison chaque lundi et vendredi.

Avec le kinésithérapeute nous parlons de Michel. Il me détaille ce qu'il lui fait travailler. De mon côté, je n'ai que des mauvaises nouvelles à lui annoncer. Plus ça va, moins ça va.

Mais mon discours du début d'année porte. Après les ambulanciers, une autre étape est franchie. Chaque matin l'infirmière passe. Un soulagement réel pour Audrey et Maxime. Brigitte retenue au bureau, ils se relayaient jusqu'alors toutes les demi-heures pour s'assurer qu'il n'avait pas besoin d'une aide quelconque, qu'il ne s'étouffait pas, pour l'habiller, l'emmener aux toilettes…

Je contacte Jean-Michel, un vendeur de matériel médical. L'ayant connu alors qu'il était ambulancier – il me conduisait au centre – je l'avais de suite apprécié. Sa dimension humaine et sa philosophie de vie ont concouru à ce que j'accepte mon handicap vis-à-vis des autres. Il saura parler à Michel que je rassure préalablement en vantant le sérieux et les qualités d'écoute de Jean-Michel.

Il passe un soir avec deux déambulateurs à essayer. Entre les deux hommes le courant passe ; j'ai gagné une partie de mon pari. Jean-Michel lui tient d'ailleurs un langage de vérité : le déambulateur a ses limites, bientôt il faudra songer au fauteuil roulant. Pour l'heure, il s'en contente. Accepter enfin une aide matérielle est, psychologiquement, déjà un si grand pas… Nous nous en réjouissons tous. À commencer par ma belle-mère.

Par contre, le protocole mis en place depuis trois semaines ne donne pas les résultats espérés. Brigitte a commandé par

Internet les médicaments, et il a été validé par le physiothérapeute. Mais mon beau-père n'y croit plus vraiment. Sa moue en dit long. J'ai beau lui répéter qu'il lui faut être patient comme moi début 2012, je doute moi aussi sur sa réelle efficacité. J'ai l'impression qu'il est déjà trop tard ; la maladie l'affaiblit si vite…

Ses nuits sont cauchemardesques. Les douleurs aux jambes lui sont insupportables. Il respire de plus en plus mal en position allongée. Brigitte doit parfois ouvrir la fenêtre de la chambre, même sous des températures avoisinant le zéro degré, pour qu'il retrouve de l'air supplémentaire. Jean-Michel installe alors un lit médicalisé pour améliorer son sommeil.

Jean-Michel lui propose également un fauteuil roulant manuel – en attendant une version électrique. Il a le choix entre deux modèles. Mon beau-père est perdu. Il hésite, hésite. Sans doute, puise-t-il dans ces dernières forces pour ne pas tout envoyer balader et garder son calme. Nous n'avons pas d'autre recours que de décider à sa place.

Tout va très, très vite. Quinze jours après, Jean-Michel est de retour avec un fauteuil électrique. L'essai se déroule dans la cour de la ferme. Manipulant le boitier avec sa main droite encore épargnée par la maladie, Michel se dirige vers l'aire d'attente des animaux, un endroit où il n'a pas pu se rendre depuis des semaines.

Nos regards se croisent. Nous nous comprenons : ce fauteuil est définitif. Jamais plus il ne remarchera. Je suis gêné et déstabilisé. Pourtant, c'est moi qui l'ai encouragé à le réserver en affirmant que ce serait un bien pour lui. Et puis, je ne peux pas m'empêcher de me voir dans ce fauteuil, ignorant alors si un jour je pourrai à nouveau me tenir debout sur mes deux jambes.

La commande étant soumise à l'aval de l'ergothérapeute,

Michel doit patienter et retrouver son fauteuil manuel. Jean-Michel se décarcasse pour accélérer les procédures. À raison, le temps presse. Mon beau-père marque d'ailleurs des signes d'impatience. C'est bon signe même si ces journées ne sont qu'un long calvaire. Il ne peut plus se lever qu'avec l'aide de deux personnes.

Le transport en ambulance lui étant impossible, c'est le kiné qui doit se déplacer. Incohérence administrative dont j'ai aussi été victime (lire précédemment) : son thérapeute, domicilié dans le Maine-et-Loire, ne peut plus exercer en Mayenne. Il n'habite pourtant qu'à quelques kilomètres. Aberrant ! Ma belle-mère est outrée. Mon beau-père, résigné, n'en dit rien. Ces séances le fatiguant, il est peut-être soulagé d'ailleurs par cet imbroglio. Ne lui en déplaise, nous voulons absolument qu'il continue à travailler ses muscles… pour entretenir certainement nos ultimes espérances…

Cette aberration administrative ne fait qu'ajouter du stress au stress. Ma belle-mère ne renonce pas. Elle sollicite en vain les kinés des communes mayennaises voisines. Beaucoup ne se déplacent pas. D'autres sont surchargés de rendez-vous. En quelque sorte, on refuse à Michel les soins auxquels il a droit et malgré la gravité de sa maladie. Habiter la campagne s'avère souvent un casse-tête lorsqu'on est souffrant.

Ces journées me sont pénibles. Voir Brigitte se décarcasser ainsi pour son époux me replonge inconsciemment deux ans en arrière lorsqu'une solitude profonde me rongeait ; les efforts des uns et des autres me semblant inutiles. Je discerne que Michel est traversé par ce même sentiment.

Ma belle-mère ne renonce pas et finit par trouver une kinésithérapeute. Elle veut voir Michel à son cabinet avant de programmer des séances à domicile. Nous sommes tous soulagés à l'exception de Michel qui n'a plus confiance en rien. Aparté : cette nouvelle aberration administrative me conduira par la suite à prendre le même cabinet. Un choix que je n'aurai pas à regretter. Je ne déroge surtout pas à l'habitude.

Chaque après-midi de cette fin d'hiver, après la sieste, je rends visite à Michel. Un ou deux jeux de société nous occupe. J'aime ces moments. Parfois, je retrouve sa spontanéité. Souvent, il gagne. La maladie n'a pas altéré ses facultés intellectuelles, ni sa réflexion. Encore moins sa mémoire. J'y trouve aussi mon compte.

Ces quelques parties me permettent de travailler ma concentration et mon attention. Mais l'après-midi s'écoulant, j'ai toujours la désagréable sensation qu'inexorablement mon cerveau se "décharge" doucement. Je préfère arrêter. Michel est d'accord. Il doit se reposer.

Parfois mon plus jeune frère m'accompagne chez Michel. Les deux s'apprécient. La présence de Johan n'embarrasse pas Michel qui n'aime pourtant pas exposer sa maladie ni sa déchéance physique. Il n'a pas cette appréhension avec Johan. Lui-même atteint de la maladie de Crohn, les sentiments et les réactions de Michel ne le surprennent pas.

Avec lui, mon beau-père trouve même encore la force nécessaire pour se balader en voiture dans les environs. À la croisée de deux routes, à l'approche d'un lieu-dit, il livre quelques anecdotes savoureuses, évoque des faits inconnus, revient sur des traditions disparues. Nous le comprenons mal mais sa joie éphémère nous comble.

*

* *

Début avril, le fauteuil électrique est livré. Enfin !

J'imagine déjà les sorties sur notre route de campagne, le voir à nouveau aux côtés de ses deux enfants leur déclinant quelques conseils avisés.

Effectivement, les beaux jours étant de la partie, je l'aperçois désormais souvent dans la cour de la ferme. Il va d'un hangar à l'autre, stationne devant la stabulation. Qu'il soit ainsi définitivement vissé à son fauteuil me chagrine. Mais n'est-ce pas mieux que de demeurer assis toute la journée sur le canapé de la salle de séjour sans voir personne, n'y participer à rien ? Maîtrisant de mieux en mieux sa "conduite", il s'aventure sur la route. Un après-midi, accompagné d'une de ses sœurs, il aperçoit un chevreuil. Au retour, il ne manque pas de narrer cette rencontre inattendue. C'est certain. Ce fauteuil lui fait du bien. J'en suis infiniment heureux.

L'éclaircie est rapide. Sa respiration s'avère de plus en plus préoccupante. Le protocole ne donne désespérément rien. Faute de pouvoir les avaler, il ne prend plus les médicaments. Les sorties en campagne se raréfient. Bientôt, elles ne seront plus qu'illusion.

Mes espoirs d'une miraculeuse rémission s'envolent.

*

* *

Le 22 avril est son avant dernière sortie. Et quelle sortie… Michel est parti seul. Je m'enquiers de le rejoindre avec Tristan dans sa poussette, celle-là même qui trente ans auparavant accueillait Audrey. Je parcours en vain routes et chemins environnants. Pas de Michel. Je m'inquiète. De retour, j'interroge Audrey, ma belle-mère. Non, personne ne l'a vu. Désormais, j'ai un sale pressentiment : il s'apprête à commettre l'irréversible. D'un coup, j'ai peur qu'il se soit jeté dans le plan d'eau creusé quatre ans auparavant derrière la ferme.

Un endroit paisible. Il l'a conçu pour ses vieux jours, pensant qu'il y passerait quelques belles journées avec son épouse allongé dans un transat un bon bouquin pour distraction. Des sapins, quelques arbustes fruitiers et un chalet ont enrichi le décor. Ce lieu charmant très symbolique de notre unité familiale et de l'attention qu'il porte depuis toujours aux siens est aussi destiné à ses enfants, à son petit-fils. Je le sais.

Alors en m'y dirigeant, je m'efforce de chasser de mon esprit cette idée de suicide. Je n'ose imaginer qu'il n'ait fait un acte pareil en cet endroit aménagé pour le bonheur des siens. Effectivement, il n'y est pas. Pas plus que je n'aperçois des traces laissées par les roues de son fauteuil.

En revenant sur mes pas, de plus en plus affolé, je le distingue soudain sur un chemin très accidenté. Que fait-il là et comment a-t-il pu l'emprunter avec son fauteuil ? Aussi vite que je peux (c'est-à-dire vraiment pas rapidement), maudissant ma maladie et mon cervelet tant je me sens d'un coup handicapé, je m'approche… Il n'est pas sur le sentier mais à l'entrée d'un champ. Incapable de parler, il m'indique la roue avant de son fauteuil. Elle est coincée dans un trou. Je me précipite pour la dégager.

Le retour vers la ferme est dramatique. Michel a le visage d'un homme qui n'en peut plus, qui aspire à en terminer avec cette souffrance infinie. En signe de désespoir, il pose même deux doigts en forme de gâchette sur sa tempe.

À ce moment, je hais notre cher système français qui n'autorise pas l'euthanasie active ou le suicide assisté. Question d'éthique. Mais où se trouve l'éthique, quand on laisse souffrir des gens malades tout en sachant inévitablement que l'issue est fatale ?

Ce trajet est interminable. Je ne sais plus quoi faire, ni quoi lui dire. Je pleure en évitant de croiser son regard. Sa détresse immense m'est insupportable. En rentrant à la maison, il n'en fait rien paraître à sa femme. Nous l'asseyons sur le canapé, soulageons ses douleurs autant que cela est encore possible. Brigitte lui pose une couverture derrière sa tête. Par un hochement de la tête, il lui fait comprendre que c'est trop épais. Elle s'exécute délicatement. Moi aussi, j'ai goûté, chambre 254, aux bienfaits de cette manipulation. Je demandais aux aides-soignants de ne pas oublier le repose-pied afin que je ne glisse pas au sol comme un vulgaire pantin ou encore d'incliner suffisamment en arrière l'appui-tête de mon fauteuil afin d'assurer une position “confortable” à ma tête ; celle-ci ayant la fâcheuse tendance à retomber vers l'avant. En ces instants, chaque détail est d'importance.

Pour Michel, en cette fin d'après-midi du 22 avril, l'épaisseur de la couverture en est un. Comme l'arrivée de Tristan avec sa mère. Michel embrasse son petit fils ou plutôt effleure son visage. Il n'a plus la force de pencher son visage ni même de mouvoir ses lèvres. À bientôt deux ans, notre fils se doute de l'extraordinaire de la situation. De voir son “papy” incapable de marcher et de s'exprimer le rend interrogatif.

Ce soir-là, il ne s'assoit pas comme les jours précédents sur les genoux de son grand-père pour manipuler la manette du fauteuil électrique, appuyer sur le klaxon avant d'éclater de rire, parcourir quelques mètres ainsi juché. Nous n'insistons pas. Après ce que je viens de vivre sur ce mauvais sentier, je suis malheureusement comme mon beau-père : je n'ai plus envie de me battre pour lui, de faire semblant… Toute la nuit, l'image de Michel les deux doigts sur la tempe m'obsède. Évacuer ma colère est impossible. Je me sens inutile face à sa détresse. Je repense à ces moments où dans ma chambre 254 j'envisageais d'en finir. Si moi comme lui, n'avions pas les ressources physiques pour le faire, ce n'était surtout pas dans notre mental.

Le lendemain, étrangement, Michel est moins moribond. Retraité, son frère s'annonce dans l'après-midi. Ensemble, ils se remémorent quelques souvenirs, poussent jusqu'à la ferme et s'attardent devant le plan d'eau. Michel est comme apaisé. Devant son frère, il repousse à plus tard son désespoir et ses incertitudes.

Sait-il sa fin imminente ? Cette nuit-là, vers 0 heure 30, Maxime appelle sur le portable d'Audrey. Elle comprend de suite. Avant même que je décroche, elle s'habille déjà. En sortant du garage, nous apercevons à quelques centaines de mètres les gyrophares bleus qui éclairent la cour de la ferme. Trente secondes suffisent pour rejoindre la maison de mes beaux-parents. Trente secondes pendant lesquelles j'espère une dernière fois. En vain. Audrey surgit de la voiture. Un pompier lui barre la porte pour qu'elle ne pénètre pas dans le salon. Elle entre par la cuisine. Je la suis comme je peux. Elle découvre sa mère et son frère en pleurs. Je reste figé plusieurs minutes, incapable de dire quoi que ce soit.

Michel est mort étouffé. Maxime a bien tenté de lui prodiguer un massage cardiaque… Tout se bouscule dans ma tête. Je suis effondré mais aussi soulagé. Michel ne souffre plus. Enfin.

*

* *

Je pense immédiatement aux trente mois écoulés. Mon interrogation demeure. Pourquoi s'acharner tant que çà ? Mon sort était-il dessiné ? Écrit d'avance ? Je ne sais pas, je ne sais plus. En cette nuit, la mort de mon beau-père me rappelle que je pourrais être à sa place ; j'aurais dû l'être d'ailleurs. J'ai supplié en 2012 d'arrêter tout, d'arrêter de vivre. Alors face à lui, j'imagine son soulagement.

Dans la nuit, je joins Tanguy, mon frère. Ambulancier, il est régulièrement confronté à la mort. Il est d'ailleurs en charge des sépultures. Arrivé sur place, il nous explique le déroulement des prochains jours et se propose de les organiser. Tanguy connaissait bien Michel pour l'avoir notamment plusieurs fois transporté lors des séances de kinésithérapie ou d'orthophonie.

Sa prévenance et sa disponibilité nous consolent.

Michel est inhumé le samedi suivant. Avant la fermeture du cercueil, nous y glissons quelques photos et un échantillon de la terre de ses champs. La cérémonie est simple et pleine de bon sens, à l'image de mon beau-père.

En préparant la messe, le diacre a souhaité savoir si un discours était prévu. J'en prends l'initiative. Évoquer la vie de Michel, lui parler une dernière fois est une évidence. Cette épreuve difficile le serait encore plus si elle incombait à ma belle-mère ou à l'un de ses deux enfants.

La veille de la cérémonie, je suis pris d'une soudaine angoisse. Certes, la priorité est ce que j'ai à lui dire, de lui exprimer ce qu'il représentait pour moi et tout son entourage mais vais-je tenir le coup. Je suis déjà hanté à l'idée de m'exprimer laborieusement, de tituber, d'être frappé d'un violent maux de tête. Pour la première fois depuis ma maladie, je dois prendre la parole debout devant des centaines de personnes.

Dans la matinée, j'écris quelques lignes sur mon ordinateur. Les mots me viennent naturellement. Je les faits lire à Audrey. Elle est bouleversée tant me dit-elle mon ressenti exprime la vie et le caractère de son père.

Je prends la parole au tout début de la célébration. Par précaution, mon jeune frère est à mes côtés au cas où… Me passant ainsi de ma béquille, je ne risque pas de m'affaler au pied de l'autel. Et je commence à lire mon discours posé sur le pupitre. J'en oublie l'assemblée. Il n'y a plus que Michel et moi. J'ai ce sentiment étrange de lui parler.

Par ce dernier message, je veux aussi lui montrer que son gendre est encore là, malgré ce que j'ai connu et le stress que je lui ai imposé. Une façon de le rassurer : si cela ne sera pas facile, Audrey, son petit-fils et moi allons faire de notre mieux.

En quelques lignes, je brosse l'histoire d'un homme vrai, d'un homme généreux, de ses passions pour l'histoire, la lecture, de sa réelle culture, de son intelligence, de son caractère enjoué et taquin, de l'optimisme dont il a fait preuve à mon égard lorsque je me mourrais au CHU, comment sa force m'a permis de remonter la pente. Je termine en évoquant Tristan, qu'il aura vu naître mais pas marcher, pour lui dire combien son "papy" lui manquera.

Au cimetière, l'ultime au revoir est déchirant. Parti onze mois après que sa maladie ait été diagnostiquée, Michel laisse un grand vide qu'il nous faut maintenant surmonter.

*

* *

À la ferme, un autre challenge attend désormais Audrey. Du vivant de son père, rien n'avait été arrêté quant à l'avenir de l'exploitation. Michel était encore trop jeune pour y songer et le duo père-fille, fonctionnait à merveille. Complicité rimant avec efficacité.

La reprise est difficile. Comme lors de ma maladie, Audrey subit le contrecoup. Durant près d'un an, elle a veillé sur son père, lui a évité l'hôpital… Et elle ne comprend pas pourquoi elle a dû gérer cette nouvelle épreuve fulgurante. La colère l'envahit.

À vingt-huit ans, c'est un autre scénario qu'elle imaginait, surtout pas celui de voir son conjoint atteint d'une maladie rare à l'âge de trente-sept ans puis son père avec qui elle s'était installée sur la ferme, partir à cinquante-sept ans. Et en prime, comme si cela ne suffisait pas, des décisions importantes à prendre concernant l'exploitation alors que Maxime ne la seconde que depuis six mois.

Ce printemps m'est aussi difficile. Orphelin de Michel, je suis hanté par une interrogation. Un sentiment de culpabilité me taraude. Et si sa disparition avait pour origine ma maladie et le tourment qu'elle a engendré sur lui et tous ses proches ? J'en ai réchappé mais lui ?

Beaucoup de maladies, sans raisons apparentes, relèvent du fait que la personne est stressée. Cette explication est développée par nombre de professeurs et chercheurs. Lorsque mes premiers symptômes sont apparus fin 2011, la question ne m'a pas été posée par les médecins. Peut-être l'a-t-elle été à ma femme, à ma famille, à défaut d'avancer une origine rationnelle à la nécrose soudaine de mon cervelet. Moi-même, j'ai alors banni le mot “stress”. Je n'y aurai pas cru.

Mais, en cette année 2014, j'ai la suspicion (et l'ai encore quatre ans après) que Michel s'est battu contre un mal peut-être déclenché par une tension accumulée en raison de ma santé. Paradoxalement, c'est de tous mes proches, celui qui a montré le plus d'optimisme à mon égard.

Pour lui, il était simplement impensable que je ne m'en sorte pas. Cachait-il ainsi une angoisse qui le stressait énormément, au point d'attraper une maladie effroyable ? J'ai tendance à souscrire à cette analyse au point de m'en vouloir encore chaque jour.

Tout le monde me dira que j'ai forcément tort. Qu'importe, cette culpabilité que je ne crie pas sur tous les toits, est ancrée dans ma tête… À jamais. Et si j'avais raison ?

Ma femme ne partage pas cette explication. Elle veut me convaincre du contraire. Pour elle, le "stress" ne peut être tenu pour responsable. Toutes les personnes atteintes de la maladie de Charcot n'ont pas connu systématiquement de choc émotionnel. Aucun lien n'est donc prouvé. Et si elle aussi avait raison ?

Ce printemps est décidemment particulier. Non seulement je suis englué dans ma maladie avec l'intime conviction que je ne serai jamais plus l'homme d'avant 2011, en plus mon beau-père nous a quittés. Son soutien si précieux me manque déjà terriblement. Sans y avoir été vraiment préparée Audrey se retrouve propulsée à la tête de l'exploitation avec l'aide de son frère. À eux de pérenniser au mieux ce que Michel a construit et développé.

Heureusement, il y a Tristan, notre fil d'Ariane. Avec sa naissance, j'ai renoué avec les émotions. Il m'a donné l'envie de poursuivre et de ne pas baisser les bras. Lorsque je suis seul à la maison, il est mon rayon de soleil. Ma vie tourne maintenant autour de lui.

Souvent, je me confie à Audrey : certes, le pire s'est abattu sur notre couple. Mais où en serions-nous si Tristan n'était pas de ce monde ?

9.
La vie avec et sans…

Désormais, c'est une nouvelle vie qui débute. Celle "avec" les séquelles et la maladie et "sans" mon beau-père. Depuis deux ans et demi, j'ai multiplié les IRM et les consultations avec le neurologue. Cette fois, il souhaite connaître plus précisément à quel stade en est ma maladie.

Un examen de mes poumons s'impose. D'autant que cela fait déjà un certain temps que je ne m'y suis pas soumis. En fait, divers spécialistes souhaitent éclaircir l'étendue de la maladie, compte tenu que depuis mars 2014, j'ai arrêté le traitement immunosuppresseur CELL CEPT.

Ainsi, le pneumologue (en concertation avec le neurologue) désire également me revoir. Avant de le consulter, je passe d'abord un PET SCAN (TEP en français : Tomographie par Émissions de Positrons). Cet examen d'imagerie médicale se déroule dans le service de médecine nucléaire. On m'injecte dans le corps un produit comprenant du sucre radioactif. Ce bilan nécessite l'utilisation d'un appareil volumineux auquel je suis relié.

Ainsi transfusé pendant une heure, le sucre radioactif se fixe au niveau des tissus consommant beaucoup de sucre. Il émet des rayonnements détectables dans l'organisme grâce à une caméra appelée TEP.

Ce jour-là, je suis très fatigué. Il en est ainsi depuis déjà quelque temps. La perspective de ce bilan n'arrange rien à mon état. Pour autant, je ne suis pas plus inquiet que cela, étant habitué à subir ce type de contrôle médical.

Cette première phase achevée et alors qu'épuisé je lutte pour ne pas m'endormir, on me transfère dans une grande salle où est installé le scanner. Celui-ci ressemble plus à une IRM, mais les fonctions sont différentes. Il prend des images du genou à la tête pendant environ une demi-heure.

Sitôt terminé, je quitte le CHU sans demander mon reste. Audrey qui m'a accompagné, me ramène à la maison. Comme d'habitude, les résultats de ce PET SCAN seront transmis au pneumologue pour qu'il me les interprète.

Le rendez-vous est prévu trois semaines plus tard. Nous ne sommes pas vus depuis trois ans. L'ayant croisé une fois pendant mon hospitalisation, mon état l'avait alors interpellé. Il ne se doutait pas que je puisse tomber si bas.

Me découvrir debout face à lui le ravit. Il m'explique pourquoi il a souhaité que je passe un PET ; la médecine se servant désormais de cet outil pour les personnes atteintes de sarcoïdose, une maladie bénigne qui avait, quelque temps avant le début de mon cauchemar, touché mes poumons avant d'atteindre le cervelet (d'où le diagnostic – jamais prouvé à 100 % – posé sur ma maladie comme étant une neurosaroïdose).

Il me précise encore que cet examen est exclusivement réservé aux patients souffrants d'un cancer ou d'une tumeur. Mais depuis peu, le PET SCAN a donc été étendu aux cas rares de sarcoïdose. Ce trouble du système immunitaire peut donc attaquer n'importe quel organe. Il est caractérisé par la présence de petites surfaces ou de masses de cellules enflammées appelées granulomes. Ceux-ci peuvent grossir et former des groupes plus importants dans un organe dont ils affecteront les fonctions.

Le PET SCAN reste néanmoins très coûteux. Bien plus qu'un scanner ou qu'une IRM. Mais il permet d'avancer dans la recherche. En y ayant recours, les spécialistes situent plus précisément l'évolution de la maladie.

Me décrivant les images sur son ordinateur, je saisis de suite que les résultats ne sont pas bons. La couleur rouge occupe le milieu de l'écran. On peut à peine distinguer mes poumons, tant cette couleur inquiétante semble s'étaler. Sa moue et ses observations présagent que rien ne s'est amélioré au niveau des poumons. Depuis trois ans, les taches se sont mêmes amplifiées. Le pneumologue souligne que la maladie étant toujours très active, il ne faut surtout pas qu'elle touche des organes indispensables ; comme cela a déjà été le cas pour le cervelet. Le CELL CEPT ayant été stoppé trois mois auparavant, il se peut, ajoute-t-il – en précisant que ce n'est qu'une hypothèse – que le mal ait repris le dessus ; deux ans de traitement n'ayant pas été suffisant pour stopper complétement l'évolution au niveau pulmonaire et osseux.

Et d'observer également que le cœur, les reins et les yeux peuvent être éventuellement atteints dans les cas les plus rarissimes de sarcoïdose. Alors, pourquoi devrais-je m'affoler !!!

À la lecture des images, pas plus qu'en écoutant le diagnostic du pneumologue, Audrey et moi n'échangeons pas un regard. Notre perplexité nous fige. Enfoncé dans ma chaise, je suis complétement désabusé. Vraiment, je ne m'attendais pas à de tels résultats !

Ma femme est forcément inquiète. Elle fait comprendre au médecin que l'idée même de revivre une deuxième fois le scénario catastrophe d'il y a trois ans nous est impossible. J'enchaîne en insistant sur le fait que je ne m'en relèverai pas. Il nous assure qu'il prendra les mesures qui s'imposent pour m'éviter de vivre une fois encore le pire.

Sa première réaction est de contacter les spécialistes parisiens au courant de mon cas depuis trois ans. Vu la complexité du diagnostic, il souhaite avoir leurs avis avant d'envisager quoique ce soit. Suis-je prêt à me rendre à Paris pour les rencontrer ? Je lui fais part de mon hésitation. Certes, ces professeurs ne connaissent mon dossier que par l'intermédiaire de leurs confrères angevins. Mais ce déplacement sera-t-il pour autant utile ? Je ne le ferai que si c'est impératif. Audrey embraye en ce sens.

Comprenant notre ras-le-bol, le pneumologue n'insiste pas. Il m'indique simplement qu'il envisage éventuellement, une reprise du traitement arrêté trois mois auparavant. En nous quittant, il s'inquiète : ses propos n'ont-ils pas altéré mon moral ? Que lui répondre sinon qu'ils ne m'ont pas surpris mais que je n'envisage en aucun cas une seconde série noire.

Sur le trajet du retour, Audrey explose. Colère, détresse… C'est la mauvaise nouvelle de trop. Nous ne la méritons pas. Une fois encore, il va falloir se battre avec cette épée de Damoclès au-dessus de nous. Étrangement, l'expérience aidant, je m'étonne à être plus philosophe. Je m'efforce de la rassurer en affichant un esprit plutôt positif.

Je ne lui mens pas. Pas plus que je ne me dissimule derrière un optimisme béat afin de sécher ses larmes. Ma réaction est sincère et pleine d'humilité. J'ai appris depuis longtemps à relativiser. Cette leçon me sert à vivre au jour le jour. C'est mon souci premier. Avancer, c'est faire en sorte de ne pas s'inquiéter du lendemain, ni même d'y penser ; ne serait-ce qu'un instant.

Comment espérer un peu plus de l'avenir après avoir connu trois années difficiles ? Je lutte depuis des mois et jamais je n'ai encore été récompensé. La mort récente de mon beau-père en est une illustration supplémentaire.

La chance n'a pas voulu m'aider, ni même me donner un petit coup de main. Je n'en attends rien. Chaque matin à mon réveil, je me réjouis déjà de mettre mes deux pieds par terre, de lever la tête et de constater que je suis encore là.

Alors, pourquoi se pourrir la vie une fois encore ? Même dans les moments les plus bas, relativiser est la seule façon pour Audrey et moi de nous accrocher, de résister. Cette force mutuelle renforce encore un peu plus notre union qui aurait pu exploser à tout moment. Notamment au début de la maladie.

Quelques jours plus tard, alors que l'été pointe, le pneumologue me rappelle. Après concertation avec un spécialiste parisien, le traitement immunosuppresseur CELL CEPT est réactivé pendant six mois. En fin d'année, je repasserai alors un nouveau TEP SCAN pour déterminer s'il a réagi sur l'état de mes poumons. Je suis sceptique : déjà prescrit pendant deux ans, ce traitement n'a eu aucun effet sur mes poumons. Deux ans, n'était-ce peut-être pas suffisant ? Peut-être a-t-il agi avant que la maladie ne reprenne le dessus sitôt son interruption, développant à nouveau des cellules malades ? Faute de réponse, je penche plutôt pour la seconde hypothèse.

Je serai donc un des premiers patients à utiliser le CELL CEPT pour soigner les cellules malades au niveau des poumons. Je n'y vois pas d'inconvénients. Cependant, je redoute la durée de cette prescription.

À l'époque, le neurologue ne m'avait-il pas précisé qu'elle ne pouvait excéder vingt-quatre mois, au risque d'entrainer des effets néfastes ? Le pneumologue en est conscient. Il entend préalablement se rapprocher de mon neurologue.

En raccrochant, je suis perplexe. Certes, il me donne le choix. Mais l'ai-je vraiment ? Soit je laisse la maladie se propager avec le risque qu'un jour elle affecte un organe vital. Soit je reprends ce traitement en sachant que rien n'est acquis d'avance et que la possibilité d'effets secondaires existe. Il faut tenter de toute façon quelque chose. Je ne veux pas revivre les premiers mois de mon cauchemar.

Quelques minutes plus tard, le pneumologue me recontacte. Le neurologue qu'il a eu au téléphone n'émet pas de réserves même s'il ne mésestime pas les effets secondaires possibles. Il n'attend plus que mon feu vert pour démarrer. Refusant de me mettre la pression, il m'accorde le délai de réflexion que je souhaite. Il n'a pas à patienter. L'avis de mon neurologue est déterminant. J'accepte.

J'avertis aussitôt Audrey. Ne lui laissant paraître aucune inquiétude, je lui répète combien je suis soulagé que “les choses bougent”. Il faut reprendre ce traitement, afin que la maladie ne s'installe pas encore plus et qu'elle prenne, pourquoi pas, une dimension supplémentaire ou différente. Après cet échange, nous n'en parlerons plus.

Début août, je recommence donc le CELL CEPT : un gramme deux fois par jour, le matin et le soir. Et je continue à vivre, me refusant à envisager d'éventuelles complications.

*

* *

C'est la période estivale. Comme les deux années précédentes, le parfum des vacances n'est pas au rendez-vous. Ou quasiment pas là. La disparition de mon beau-père me pèse encore plus. Lorsque je me promène autour de la ferme, son ombre et son souvenir sont partout. L'odeur de son café, les madeleines dont il raffolait, sa bonne humeur coutumière, son sourire… Tout me manque.

Parfois, la nostalgie et la mélancolie s'incrustent dans nos soirées. Par bonheur, l'insouciance de Tristan nous en éloigne. Elle détend une atmosphère familiale trop souvent encore empreinte de tristesse. Grâce à lui, Brigitte, Audrey et moi reprenons peu à peu goût à la vie. Tristan est le lien le plus cher qui nous unit tous les trois. Notre fils a juste deux ans mais il a déjà vécu l'impensable. Dans le ventre de sa maman, il a senti son papa souffrir. S'il l'avait reconnu – ce que je ne crois pas – il ne serait sans doute jamais venu au monde. Peut-être savait-il qu'avec le temps, il découvrirait le bon côté de son papa ? Même s'il ne sera jamais un père comme les autres, il pourra toujours compter sur lui.

Il a également côtoyé la maladie de son papy ; certes avec l'innocence de l'enfance mais aussi intrigué de constater combien il était de plus en plus diminué. Audrey et moi avons rapidement été certains qu'il avait perçu que la santé de Michel ne "tournait pas rond". En témoignent son regard, ses gestes attentionnés et délicats, ses quelques mots attendrissants et une intelligence surprenante. Tristan savait.

Aujourd'hui, début 2018, je reste persuadé que ce qu'il a vécu lorsqu'Audrey le portait, n'est pas anodin dans son comportement avec les autres. Surtout avec moi. Toujours prévenant, il ne manque par exemple jamais de me soulager de mes maux de crâne. Il me questionne souvent dans la journée : « *Comment va ta tête ?* » et enchaîne aussitôt : « *Je vais te faire un massage.* »

Me plaçant à sa hauteur, il se positionne derrière moi. Il pose ensuite ses mains et, par quelques mouvements gracieux et adroits, il commence. Quelles mains pourraient mieux m'apaiser ? Si ma douleur n'est pas toujours atténuée, il adoucit mon humeur et démontre, une fois encore, qu'il a tout assimilé. Quand il a terminé, il me dit de sa voix douce : « *Cela va mieux maintenant ?* »

Qu'il se préoccupe ainsi de moi est si agréable. Pourtant, je ne veux surtout pas qu'il se focalise sur ma santé. Mais, il est très fort pour percevoir un mal-être. Plus d'une fois, il me rappelle de ne pas oublier mes médicaments. Il me prend encore la main dans les endroits accidentés, se soucie de ma béquille.

C'est comme si pendant les neufs mois de grossesse d'Audrey, il avait senti son papa souffrir et dire des choses qui ne lui ressemblaient pas. Et qu'il ne veut plus que cela recommence.

*
* *

Avec l'automne et l'arrivée de l'hiver, l'ambiance s'avère encore plus pesante. La joie de vivre et l'optimisme de Michel font défaut à tous. Qu'il vente, qu'il pleuve, ou qu'il fasse froid, jamais il ne se plaignait : « *Demain, un autre jour se lève…* », avait-il coutume de dire. Son enthousiasme me manque pour gérer ma maladie.

Depuis environ un an, mon état est quasiment stable. Je suis toujours suivi de près au CHU. Les IRM, TEP SCAN, n'ont plus aucun secret pour moi. Ces examens sont presque routiniers. Je n'ai plus aucune appréhension. Comme si je me refusais à comprendre pourquoi. Ou comme si j'esquivais la gravité de ce que je pourrais apprendre.

Je ne veux d'ailleurs surtout pas entendre quoi que ce soit. Depuis trois ans, trop de mots et de propos graves m'ont été adressés. J'ai vu des regards dramatiques quand on essayait d'élucider ce qui m'arrivait. C'est assez. Le traumatisme est encore bien présent. Un simple mot, la moindre interrogation suffiraient à rallumer une légitime inquiétude.

En cette fin d'année, je repasse un TEP SCAN. Objectif : la reprise du CELL CEPT, six mois auparavant, a-t-elle eu un impact au niveau pulmonaire. Les images montrent que les taches pulmonaires ont relativement diminué. Le traitement répond favorablement. Mon soulagement est bref. Très bref. Dans la foulée, le pneumologue m'apprend qu'au niveau osseux et surtout au niveau splénique (lésion au niveau de la rate), les taches apparues lors du précédent TEP SCAN persistent et grandissent. Décidément, la maladie ne me laissera jamais tranquille. C'est presque "blasé" que je découvre ce jour-là qu'un autre organe est touché.

L'IRM réalisée à la même période et la consultation chez le neurologue trois semaines après ne révèlent aucun signe supplémentaire au niveau cérébral. Le spécialiste me confirme encore que la lésion du cervelet laissera malheureusement des séquelles. Désormais, je sais encore plus que j'aurai à m'habituer, pour ne pas dire à supporter, les séquelles de la lésion et les traumatismes de la maladie. L'équilibre incertain, la fatigue, les troubles cognitifs et de la coordination, les maux de têtes, les lourdeurs récurrentes font avec encore plus de certitudes qu'auparavant, partie de ma nouvelle et future vie.

*

* *

Cette énième visite avec le neurologue est décidemment particulière. En sortant de son bureau, je lui évoque le décès de mon beau-père qu'il a reçu en mars 2014, un mois avant sa disparition. Dès le diagnostic de sa maladie, Michel avait en effet été suivi à Angers par un de ses collègues. Ce dernier étant absent lors de cette consultation de mars, mon neurologue avait pris le relais. Ce rendez-vous, en présence de Brigitte, avait permis “d'apaiser” certaines interrogations.

Ayant expliqué la maladie différemment, le contact avec mes beaux-parents avait été fructueux. Il ne leur avait promis ni guérison, ni même un espoir. Par ses mots, il les avait aidés à mieux appréhender ce qui se passait et l'avenir.

Lors d'une précédente consultation avec mon neurologue, j'avais d'ailleurs déjà évoqué le cas de Michel qu'il n'avait donc jamais vu. Sa première réaction avait été l'étonnement : qu'avions-nous fait pour être frappés par ce nouveau coup du sort ? Certes, il connaissait son dossier mais mon beau-père était déjà suivi par un de ses confrères. Et vu sa charge de travail, il ne pouvait pas être son neurologue attitré. À mon grand regret.

Il nous avait tout de même soulagé en indiquant qu'il se tiendrait au courant de l'évolution de la maladie et qu'il était entre de bonnes mains. J'avais peut-être encore le mince espoir qu'il ait la solution miracle qui libère mon beau-père de ce mauvais cauchemar.

À l'époque – il y a à peine un an ! – savoir que mon beau-père était suivi dans le même service que moi et qu'il avait rencontré mon neurologue pour une maladie grave, m'avait semblé étrange et incompréhensible.

En nous quittant en cette fin d'année 2014, il me redit combien il est désolé de la disparition de Michel et regrette que la maladie ne lui ait laissé aucune chance, tant elle a été rapide.

Oui. Pourquoi ? Pourquoi si vite ?

*

* *

À l'approche des fêtes de fin d'année, mon humeur fait à nouveau du yo-yo. J'alterne entre les hauts et les bas. D'un côté, je parviens à me maintenir plus ou moins bien, malgré la maladie et ses séquelles. D'un autre, j'ai ce sentiment obscur que "quelqu'un" ou "quelque chose" m'appuie fortement sur le crâne pour que je coule définitivement. Le décès de mon beau-père et la culpabilité que j'en ai développée renforcent cette douloureuse impression.

Mais pas question de gâcher la joie de Tristan sous le charme de la féérie de décembre. Fidèles à nos habitudes, nous parcourons un après-midi les travées du marché de Noël d'Angers. Brigitte nous accompagne. Si la mémoire de Michel est dans chacun de nos pas, tous les trois nous nous émerveillons du bonheur de mon fils. Une parenthèse heureuse. Cette sortie est pour moi l'occasion de constater qu'en un an mon état n'a guère évolué. Marcher dans la foule m'est toujours aussi pénible. Malgré ma béquille, je redoute d'être bousculé. L'instabilité de ma vision me joue toujours des tours. Très concentré pour ne pas perdre l'équilibre, je me fatigue vite. Plus les heures passent et plus la lourdeur derrière le crâne s'amplifie. Ces maux de tête, sans cesse en embuscade, agissent comme une "jauge". Lorsqu'ils redoublent, je sais qu'il est urgent de "stopper", de rentrer, de me reposer. Un handicap, un mal-être que les promeneurs que je croise ne mesurent pas.

Les repas de Noël avec ma famille et celui chez ma belle-mère, ont cette année une tonalité différente. La magie n'est pas au rendez-vous. Ajoutée au décès de mon beau-père, mon incapacité à me concentrer durablement me perturbe. Je n'ai pas la force de développer mes réflexions. Une réalité angoissante.

L'hiver, puis l'arrivée du printemps 2015, ne change strictement rien. Désormais, je doute en permanence. Je crains à tout moment que ma tête explose. Cela va-t-il mal se terminer ? D'autant que parallèlement, les douleurs aux jambes et au dos apparaissent ou disparaissent dans la journée sans en déterminer la cause. Sans cesse fiévreux, je m'efforce de ne rien montrer de mon état à mon entourage, excepté à Audrey à qui je ne peux rien cacher. Elle ne me connaît que trop…

Fin juin, un nouveau rendez-vous chez le pneumologue s'avère guerre rassurant. Sceptique à propos de l'étendue des taches relevées sur la rate et les différentes parties osseuses par le dernier TEP SCAN, il m'annonce que deux biopsies, l'une de la moelle osseuse, l'autre de la rate seront peut-être nécessaires. Pour résumer ses propos, ces taches n'ont pas forcément de corrélations avec ma maladie. Les effets secondaires du traitement pourraient être à l'origine de l'altération de mon organisme et de ce désordre sanguin. N'est-ce pas l'un des risques connus du CELL CEPT ? Avant de décider quoique ce soit, le pneumologue compte solliciter l'avis du professeur parisien qui suit mon dossier, ainsi que celui du directeur de l'établissement des maladies du sang.

Certes, ces taches que je découvre sur son écran me préoccupent mais beaucoup moins… que mes maux de têtes incessants, les douleurs aux différentes articulations et mon état général que j'ai de plus en plus de mal à supporter.

Un point que j'évoque longuement avec lui lors de cette consultation.

*
* *

Malheureusement, ce qui était prévisible arrive. Deux jours après ce rendez-vous, je suis pendant quelques minutes pris d'un malaise en m'apprêtant à me doucher. Chance, Audrey est à la maison. Les sapeurs-pompiers me transportent vers l'hôpital le plus proche.

Interrogé par le médecin urgentiste de l'établissement, j'évoque de suite la maladie neurologique. Inutile qu'il parte sur une mauvaise piste. Incapable de tout détailler au personnel médical, je le mets néanmoins au courant de l'essentiel. Suffisant pour qu'il ne prenne aucune décision hâtive et me recommande de consulter au plus vite mon neurologue.

C'est pour moi impératif. Sans minimiser les compétences du personnel de ce centre, je ressens au cours de cette brève hospitalisation une nouvelle fois l'incompréhension légitime des gens en blouses blanches, dépassés par la rareté de ma maladie.

Dès le mardi, moins de vingt-quatre heures après l'avoir joint, j'ai rendez-vous avec mon neurologue d'Angers. Audrey m'accompagne. Le revoir me soulage. Lui seul maîtrise mon dossier de A à Z depuis trois ans et demi. Il est le plus à même à poser un diagnostic sur ce malaise et sur les maux de tête persistants.

Il nous reçoit trois-quarts d'heure. Je lui expose aussi clairement que possible mes souffrances quotidiennes. Il me réexplique que les séquelles, dues à l'inflammation de mon cervelet, provoquent ces céphalées chroniques depuis le début de ma maladie. Le problème n'est donc pas d'en déterminer l'origine. Il la connaît. Il faut maintenant imaginer une solution pour me soulager afin de m'assurer un quotidien moins invalidant.

Pour m'éviter une hospitalisation dans le centre antidouleur, il me prescrit un autre médicament (Anafranil) pour les maux de têtes. Selon lui, ce nouveau remède ne me garantit pas un léger mieux, mais ses composants sont différents du précédent. Je vais d'abord le prendre avec un dosage limité (vingt milligrammes).

S'il ne suscite pas de réels effets, alors il faudra augmenter la posologie rapidement. Ce médicament qui possède donc des propriétés antalgiques est d'abord un antidépresseur. En cas de grosses crises, il me prescrit en plus un anxiolytique assez puissant (Xanax) qui permet aussi d'atténuer les douleurs.

Je suis si préoccupé par ces coups de marteau qui me déchirent de l'intérieur que j'en oublie de parler de mon état de fatigue à nouveau à la hausse depuis un mois. En ce début d'été, je dors quasiment trois ou quatre heures la journée, en plus de mes nuits de dix-douze heures. Souvent, je dois même lutter pour rester éveiller. Cet épuisement permanent me rend de plus en plus inexistant.

La fatigue est une des conséquences principales de la sarcoïdose. Elle est encore plus intense quand les atteintes neurologiques sont prouvées. Mais je ne m'y résous pas. Je ne comprends encore pas pourquoi le moindre effort m'éreinte. Pourtant, les spécialistes ont dès le départ été clairs sur la question : je serai toujours très fatigué. Seule une excellente gestion de soi contribuera à diminuer cette sensation.

*

* *

En cet été 2015, nous renonçons encore aux vacances. Heureusement. Mes maux de tête sont toujours aussi violents. Je veille continuellement à ne pas m'épuiser, à me persuader que des activités me sont définitivement bannies. Dépasser certaines limites m'est interdit à jamais. Alors, partir en congés dans ces conditions…

Néanmoins pour faire plaisir à Tristan, nous passons une journée au bord de la mer. Il profite comme n'importe quel enfant de l'eau, du sable, du soleil. En rentrant, nous visitons un zoo. J'ai l'impression qu'il a la même définition du mot "profiter" que moi. La valeur que j'y attache est identique à celle qu'il nous apprend quotidiennement. Différentes du passé, mes émotions n'en sont pas moins simples, sincères et vraies.

En cette journée d'été, les yeux émerveillés de Tristan, son impatience, sa curiosité, son sourire naturel et son visage joyeux témoignent de son bonheur. Lui aussi a tout compris : vivre, c'est profiter de presque rien.

Cette philosophie est la mienne. Pas novatrice, elle est juste gommée par beaucoup. Les "anciens" n'affirment-ils pas que ce "presque rien" suffit à donner un sens à leur vie ? Pourtant, je ne suis pas des leurs, je suis juste malade…

1er septembre. Première rentrée scolaire de Tristan. Forcément un jour particulier. Ce matin-là, je l'accompagne comme n'importe quel parent. Mais comment, en lui tenant la main sur le trajet avant de le lâcher dans la cour de récréation, ne pas replonger quatre années en arrière ? Me mourant sur mon lit d'hôpital, je n'ai pas eu le bonheur de voir le ventre de ma femme grossir.

Comment ne pas ruminer ces moments douloureux ?

*

* *

Fin septembre, rendez-vous chez le pneumologue. Il me précise qu'un nouveau TEP SCAN est prévu. Quant à la biopsie de la moelle osseuse, elle est envisagée pour la fin de l'année (en attendant éventuellement celle de la rate). Le médecin reste dans la même expectative. Les complications concernant la rate doivent être analysées de plus près : derrière ces lésions importantes ne se cache-il pas "autre chose" que la sarcoïdose ?

Les effets du traitement (qui, dans mon cas, est d'abord destiné à stopper l'apparition d'une éventuelle nouvelle inflammation du cervelet) ont un impact assez concluant au niveau de mes poumons mais pas de la rate. Pourquoi ?

D'ailleurs, le TEP SCAN d'octobre ne décèle rien de nouveau. Si ce n'est que les taches sur la rate demeurent importantes et inquiétantes. Dans la foulée, une énième IRM du cerveau prévue de longue date, ne fait que confirmer la lésion du cervelet.

Fin novembre, j'enchaîne par la biopsie de la moelle osseuse. Je ne suis pas emballé par cette intervention, conservant un souvenir catastrophique de la précédente, près de quatre ans auparavant. Outre l'état "fantomatique" dans lequel j'étais alors, j'avais également énormément souffert.

La personne qui réalise la biopsie est très humaine et prévenante. La douleur en est que plus amoindrie. Comme quoi s'il n'existe pas de remèdes miracles pour atténuer la souffrance, l'empathie d'un médecin, d'un chirurgien, d'une infirmière… peut y contribuer largement. J'en suis convaincu depuis mes premières consultations, à l'automne 2011.

Cette biopsie n'apporte rien de plus. Et Audrey et moi renonçons à celle de la rate également envisagée par le pneumologue. Nous préférons patienter quelques mois et attendre les résultats d'un nouveau TEP SCAN pour connaître l'impact dans la durée du CELL CEPT.

*

* *

Novembre 2011-novembre 2015. Quatre ans après, la route que j'emprunte désormais est très différente. Il n'est plus temps de baisser les bras et de me dire que tout ne sera plus comme avant, ni de renoncer à la voie que j'ai essayé de tracer grâce à une force indescriptible et cette envie de toujours vivre. Je me dois d'avancer pour ma femme et mon fils qui ont souffert et souffrent encore de ce scénario à la fois fantastique et dramatique.

Depuis cette fin 2011, j'ai traversé trois grandes phases successives. Il y a d'abord eu l'incompréhension, puis la colère, et enfin l'acceptation. Cette dernière n'a abouti qu'après une longue période de travail psychologique et une sérieuse prise de conscience. Au début, l'acceptation se résumait presque à de la résignation. Au fil du temps, elle est devenue naturelle. Bientôt, une habitude.

Les exemples sont nombreux. Ainsi, être continuellement fatigué est un handicap invisible. Désormais, je le comprends et je me dois de l'accepter. Il y a cette fatigue qui interpelle votre corps et vous conjure de vous reposer. Elle prévient de l'imminence d'un drame si vous ambitionnez d'être plus fort que ce que votre organisme est capable d'encaisser.

Il y a cette fatigue encore plus intense et soudaine. Ne l'anticipant pas, vous n'avez pas d'autre choix que de vous allonger. Il y a enfin celle que vous ne voulez pourtant pas entendre, celle que vous pensez vaincre. Et à chaque fois, vous perdez. Vous êtes contraints de battre en retraite, d'admettre la défaite. Alors, des symptômes, encore traumatisants, reviennent vous hanter : la fatigue a encore eu raison de moi.

Les maux de têtes et les lourdeurs derrières le crâne sont plus sournois. Impossible de les affronter. Il faut accepter et attendre. Bien souvent, ils se prolongent, parfois pendant plusieurs semaines. Chaque effort ne fait qu'accroître cette souffrance lancinante. Ainsi, baisser la tête ou la tourner brusquement provoque immédiatement un vertige et entretient la douleur.

Que faire ? Sinon éviter tout mouvement désordonné et surtout me persuader qu'agir comme avant m'est interdit. Pourtant, parfois j'oublie. N'écoutant pas mon corps, je vais trop loin. Je franchis la frontière autorisée. Dans ces moments, le néant me menace. Plus rien autour de moi n'a de saveur. Je renonce à penser, ayant trop mal pour réfléchir.

Quatre ans après novembre 2011, ma vision demeure instable. Mon attention et ma concentration sont réduites à quasiment rien. Quand je m'allonge seul dans mon lit, habité par cette détresse physique que personne ne peut voir ni comprendre, quelques flashs du patient que j'étais agonisant dans sa chambre d'hôpital me reviennent. Notamment, la silhouette d'un homme perdu sur son fauteuil de couleur rouge, avec un bracelet de plomb au poignet et un morceau de sparadrap sur l'œil.

Parfois, m'apparait également la vision du malade moribond perdu dans la salle de bains, face au lavabo et au miroir qui ne lui a jamais permis d'apercevoir son visage.

D'autres photos-souvenirs encore plus affreuses achèvent de me convaincre que le malheur n'est pas si loin. Mais j'accepte…

Accepter les différentes phases du handicap fait également partie du cheminement que l'on se doit d'emprunter. Dans un premier temps, mon handicap se mesurait d'un simple coup d'œil. J'en étais complètement désarçonné. Je n'avais pas conscience du regard que les gens avaient sur moi. Peu importe s'ils me croisaient dans un fauteuil roulant ou s'ils m'écoutaient malgré mon expression quasi incompréhensible. Peu importe, s'ils me voyaient portant un cache œil, le visage gonflé par les médicaments, mal rasé par les aides-soignants, à peine coiffé. Je me foutais de l'image que je leur renvoyais, puisque de toute façon je croyais que j'étais perdu.

Que ma femme, mes frères ou mes parents fassent le "travail" quand j'étais aux toilettes, ne me complexait pas. Je refusais d'admettre qu'ils rentraient dans ma propre intimité pour m'aider.

Si j'utilisais un fauteuil roulant, ce n'est pas parce que mes jambes ne fonctionnaient pas mais parce que ma tête ne voulait plus les maintenir en position debout, encore moins les faire avancer. Il était alors hors de question pour moi de parler d'acceptation.

Les semaines défilant, j'ai eu peu à peu le sentiment d'intégrer un monde parallèle. La rareté de mon mal me projetait dans un film d'horreur : l'étrange m'envahissait. Après quelques semaines au centre de rééducation à Laval, la réalité du mot "handicap" s'est encore plus révélée à moi. J'ai commencé à éprouver de la honte envers les autres.

Pour la première fois depuis le début de ma maladie, je me considérais comme vraiment différent. Cette phase ne s'est pas faite sans de fréquentes crises de colère. On ne s'accepte pas "handicapé" du jour au lendemain…

Puis, est venu le temps où le fauteuil roulant s'est avéré moins nécessaire. Il ne s'agissait plus du même handicap. Le regard d'autrui était encore différent. Il me gênait plus que lorsque je circulais sur mon fauteuil. Les déplacements avec ma béquille étaient très compliqués.

Extrêmement concentré, je m'appliquais à ce que ma jambe droite reste la plus fluide possible. Pendant ces mois, la béquille fut ma compagne indispensable. Malgré les progrès, elle m'aide encore quand mes marches se prolongent, lorsque je suis dans un environnement accidenté ou au milieu de la foule.

Elle m'est d'un concours précieux. Chaque mouvement ou rotation génère un déséquilibre que je dois en permanence maîtriser. Cet handicap que j'ai à vie, n'est pas évident à "discerner" pour qui n'est pas au courant. Ainsi, lorsque les gens me croisent dans la rue avec la béquille, leurs yeux fixent instinctivement mes jambes qui… sont normales.

Illustration de ce sentiment : un jour, entrant dans une salle d'attente, une dame qui patiente demande à son fils de me laisser la place assise car j'ai… une jambe cassée. Une fois encore, je ne contredis pas cette mère de famille ; ma crainte étant qu'elle ne me comprenne pas et soupçonne du coup un quelconque mensonge.

Peu m'importe désormais ce que les gens interprètent lorsque j'attrape naturellement ma béquille. Ils sont libres de penser ce qu'ils veulent. Le plus gêné… c'est bien moi dans mon quotidien. S'il arrive encore que le regard de l'autre me perturbe, c'est notamment… lorsque je suis sans cette "roue de secours". J'ai peur que l'on m'identifie à un alcoolique ! Ma démarche titubante fait de moi une personne fragile. Un mouvement mal coordonnée, et je m'effondre.

Accepter également que des personnes me disent que *« te voir sans béquille est signe de guérison »* exige de la retenue et de faire abstraction de son ressenti. Au début de la maladie, j'en étais incapable, n'ayant plus aucune emprise sur mon humeur. Quatre ans après, j'ai appris à être indifférent à l'attitude de certains.

Répondre à la fameuse question, *« Comment ça va ? »*, m'est pourtant encore difficile. Inutile de rentrer dans les détails, ni de justifier quoi que ce soit… je m'aperçois alors que la maladie et les séquelles invalidantes sont impossibles à assimiler. Un patient à qui j'évoquais un jour ma maladie, m'a répondu : *« C'est en fait comme mon genou. »*

S'en est suivi une explication détaillée sur son "problème" qui le contrariait, car il avait gâché sa semaine aux sports d'hiver… Sa longue explication m'avait alors plongé dans une profonde colère intérieure. J'étais trop las pour lui démontrer que son pépin au genou n'était en rien comparable à ma maladie… Il n'avait que perturbé ses vacances à la neige !

Pour moi, le plus préoccupant reste mon état quotidien. Qui peut se mettre à ma place lorsque je suis toute une journée au fond du lit, à attendre que disparaisse les maux de têtes, une tension assommante derrière le crâne ?

Lorsque je marche, personne n'est à ma place pour constater à quel point ma concentration est élevée pour éviter de tomber. Personne, non plus, ne peut s'apercevoir de la grande fatigue qui me harcèle jour après jour.

Pourtant, je compose avec ces symptômes en présence de gens qui, parfois, les ignorent. C'est d'autant plus difficile que je me refuse à leur dévoiler que je suis incapable d'effectuer tel ou tel geste. Souvent, j'opte pour la prise de risque à minima. Je m'abstiens de tout contact avec l'extérieur. Un repli sur moi-même certes, mais bienveillant et réfléchi.

J'ai donc vécu et vis deux handicaps. L'un physique et visible ; l'autre plus invisible et qui s'est développé par la suite. Il est différent, mais tout aussi difficile à supporter que le premier. Le cervelet est un organe dont on mesure difficilement la nécessité tant… qu'il remplit son rôle.

Son importance vitale se révèle dès lors qu'il ne fonctionne plus normalement. Souvent moins handicapant, un membre amputé interpelle plus car cela se voit. De "l'extérieur", mon handicap reste très compliqué à interpréter.

J'ai travaillé sur cette notion d'handicap invisible au centre de rééducation. Beaucoup d'initiatives en faveur des personnes qui se déplacent en fauteuil ont été réalisées. Tant mieux. Par contre, mon handicap n'est pas vraiment adapté à ces solutions. Exemple : je répugne toujours à occuper une place de parking pour handicapé. Tant que c'est possible, j'évite. Comme si je ne voulais pas encore admettre que j'y ai droit.

Parfois, je n'ai pas le choix. Un après-midi, je me gare sur l'un de ces emplacements réservés. Je sors de la voiture accompagné d'Audrey, ma seconde "paire d'yeux" lorsque je circule. Un véhicule se colle derrière le nôtre ; sa conductrice estimant à tort que je m'apprête à partir.

S'apercevant de son erreur, elle me demande d'un ton assez "agressif" si je suis en possession de la carte de stationnement handicapée ! M'approchant de la fenêtre, elle s'aperçoit alors que je marche… avec ma béquille. Elle s'excuse très embarrassée.

Moqueur, je lui réplique que je suis parfaitement en règle. Mais je n'ai pas la répartie de lui préciser que je suis atteint d'un syndrome cérébelleux. Cet exemple, je pourrais en citer d'autres, illustre combien mon handicap est invisible.

Quelle aurait été son attitude si ce jour-là, j'avais oublié ma béquille ?

*

* *

Fin 2015 comme pendant l'année 2016, mes maux de têtes ne s'atténuent pas. En mars 2017, mon neurologue décide d'une hospitalisation d'une dizaine de jours pour un sevrage et mettre en place un nouveau médicament.

D'abord sous intraveineuse, puis par voie orale. Je dois arrêter définitivement l'Anafranil, le Paracétamol que je prends cinq à six fois par jour depuis des mois, ainsi que le Xanax, en cas de crise violente.

Le Laroxyl, un nouvel antidépresseur que je connais déjà pour l'avoir eu un an après la maladie, m'est prescrit. Outre de calmer mes sautes d'humeur, il est censé soulager mes maux de tête. Malheureusement, deux mois après, les résultats ne sont pas au rendez-vous.

Les maux de têtes sont toujours fréquents. La tension au niveau du cervelet reste très forte. Le moral régresse à nouveau. Inquiet, j'interroge mon neurologue que je revois deux mois après mon hospitalisation : une IRM ne s'impose-t-elle pas ? Il me prescrit un nouvel antidépresseur (Cymbalta) aux propriétés différentes de tous ceux déjà… absorbés. Sans succès. Il ne donne rien. Pire, il génère même des effets indésirables gênants. Autrement dit, il ne me reste plus aucun médicament possible. J'ai tout essayé !

Le mal être persistant, mon humeur se dégradant encore un peu plus, le neurologue en concertation avec mon généraliste, revient au Séropram ; un antidépresseur que j'ai pris à la sortie du centre de rééducation. Ayant aussi la particularité (normalement) d'atténuer les douleurs, il avait alors plus ou moins "fonctionné". J'avais ressenti une légère amélioration.

Lors d'une énième consultation, mon neurologue est soulagé d'apprendre que j'ai interrompu le Doliprane. Mais beaucoup moins quand je lui révèle que j'avale de l'Ibuprofène à la place. L'accoutumance à ce médicament étant identique à celle du Doliprane, il préfère augmenter le dosage du Séropram et me notifie de ne prendre que deux, voire trois comprimés d'Ibuprofène maximum par semaine. J'avoue qu'à certains moments, j'ai encore beaucoup de mal à m'en remettre à ses indications. Parallèlement, je suis également des séances de kinésithérapie pour adoucir le rachis cervical.

Tout ou presque ayant ainsi été essayé comme traitement médicamenteux, je suis dirigé fin 2017, vers le centre anti douleur du CHU d'Angers. Dans les derniers jours de janvier 2018, un appareil de TENS neurostimulateur (neurostimulation électrique transcutanée) est mis à ma disposition pour six mois au cours desquels je dois revoir la neurologue spécialisée dans la douleur. J'applique chaque jour pendant au moins trois heures des électrodes sur l'endroit de mon corps où la douleur est la plus intense (généralement les cervicales et la base du front, côté droit et gauche).

À ce jour, les premiers résultats de cette technique antalgique non médicamenteuse qui utilise les propriétés du courant électrique sont encore loin d'être "miraculeux". Mais je ressens par moment des signes positifs. À voir "à l'usage" si je puis dire…

*
* *

Durant toute cette période encore compliquée, j'ai également passé (en mai 2017) un énième TEP SCAN pour vérifier les lésions sur les poumons, les os et la rate.

Du fait des résultats assez concluants de novembre 2016, je suis "relativement" confiant. Le CELL CEPT a fait son travail, enfin je crois… les taches aux poumons et la rate ayant régressé, ma dose quotidienne "n'est plus" que d'un gramme.

Comme d'habitude, cet examen se déroule trois à quatre semaines avant le rendez-vous chez le pneumologue. En entrant dans son bureau, les conclusions de ce nouveau bilan ne sont d'ailleurs pas ma préoccupation première. Ce qui m'inquiète encore et toujours ce sont les tensions derrière le crâne et les maux de tête.

Problème : les résultats ne sont pas encourageants. Je le comprends de suite en découvrant les images qui défilent sur l'ordinateur. Les taches sont bien plus étendues que quelques mois auparavant. La maladie s'est réactivée.

Explication : seul le CELL CEPT, à un dosage de deux grammes par jour, convient pour réduire le développement de la maladie, du moins à le stabiliser. Cette réactivation est liée au fait que ma maladie est chronique, donc difficile à cerner, précise le pneumologue. Cet "effet rebond" n'est surtout pas une surprise.

Audrey et moi sommes douchés. La confiance (sur ce point) des derniers mois s'est évanouie. Nous quittons son cabinet sans un mot… jusqu'au parking. Dans la voiture, j'explose, sachant parfaitement que cela ne fera qu'aggraver mon mal de tête continuel. Mais, j'en ai que faire…

Et puis, les jours s'écoulant, ma colère s'estompe. Je relativise. Une fois de plus, j'accepte. Pourquoi m'imposer une pression supplémentaire ? J'ai déjà assez avec ce tsunami qui menace en permanence ma tête. Je me satisfais d'être en vie.

Tout simplement.

Épilogue

Plus de six ans après qu'un "tsunami" ait balayé ma tête et mis en débris mes principales facultés, le récit de mon histoire se termine. Qui sait de quoi mon avenir sera fait ? Comment appréhender cette question ?

Ne sachant plus comment aborder les événements, j'évite de me creuser la tête. Cela m'empêcherait de profiter à ma manière des petits moments de bonheur que me réserve mon quotidien.

Le décès de mon beau-père a été un calvaire supplémentaire. Cette douloureuse épreuve m'a persuadé que décidemment je n'avais rien à espérer de quiconque ou de quoi que ce soit.

Preuve en est encore, quand j'ai appris récemment que Grégory, l'un de mes frères, était atteint d'une leucémie. Il doit suivre une chimio médicamenteuse. En mai 2008, jeune trentenaire, il s'est déjà sorti "miraculeusement" d'une rupture d'anévrisme. Lui aussi a eu sa part.

Johan, le plus jeune, a quant à lui, subi une ablation du colon dernièrement. Une poche lui a été posée pendant quatre mois. Cette ablation fait suite à une énième poussée sévère de la maladie de Crohn qui ne l'épargne pas. Les différents traitements tentés depuis maintenant plus de dix ans, n'ont pas eu les effets escomptés.

Une nouvelle opération chirurgicale pour ôter la poche, a fait renaître l'espoir. Mais là encore, cela ne s'est pas passé comme prévu. Dix jours après l'intervention, Johan a été réopéré en urgence des suites d'une péritonite.

Il supporte une nouvelle poche pendant plusieurs mois avant d'autres opérations. D'ici là, beaucoup de questions sont à résoudre. En attendant, Johan doit accepter de relativiser. Comme moi, il a déjà traversé tant de périodes délicates.

Ce contexte fait que mes trois frères et moi sommes depuis toujours très soudés. Tous les quatre, nous sommes animés de la même volonté : vivre à tout prix.

Bien sûr, rares sont les familles qui sont victimes d'un tel acharnement. Mais le sort fait que… Et il faut le prendre ainsi. Alors, mes frères et moi nous nous devons d'adopter une philosophie bien différente de celle que nous aurions si le destin nous "laissait" tranquille.

Aujourd'hui, je n'ai plus peur de ces mauvais coups qui s'enchaînent. Même si je le devrais. La maladie m'a enseigné combien il faut savoir s'accorder du recul. Cela pourrait être pire…

Je me construis et me bats moi-même contre elle et ses séquelles. Si je n'oublie pas que la vie n'est plus comme avant, je n'omets pas non plus que je suis vivant. C'est essentiel.

Le tsunami ravageur de novembre 2011 a perdu de son intensité. L'orage gronde encore et des coups de tonnerre résonnent de temps à autre. Le crachin qui ne cesse de tomber se fait alors plus violent. Et puis, quelques jours après, la météo reprend des couleurs.

Habitué à ces caprices, je les traverse. Ainsi, lorsque le vent redouble d'intensité, plutôt que de l'affronter et de m'épuiser, je m'en remets à l'éclaircie du lendemain. Si le ciel est encore bouché, je patiente encore vingt-quatre heures pour "profiter de ce presque rien" qui m'est si cher.

Mais le temps maussade reste l'essentiel de mon quotidien. Les coups de tonnerre sont ces maux de têtes encore trop souvent insupportables et continus. Le crachin que je décris s'associe à la tension que je ressens derrière la tête. Rendant encore plus ma vie insignifiante, elle me plonge fréquemment dans un état de faiblesse.

De puissance variable, le vent regroupe les symptômes liés aux séquelles de la lésion au cervelet. Du coup, mon déséquilibre permanent fait de moi une personne dite "normale" qui s'évertuerait à affronter pleine face les bourrasques.

Si les séances de kiné que j'ai reprises limitent "la casse", cette instabilité est toujours bien présente. Comme pour la fatigue, je dois gérer. Faire avec. Les troubles cognitifs sont toujours réels. Lorsque je discute, je n'ai plus la même faculté d'attention et de concentration qu'avant 2011.

Et le soleil dans tout ça ? Il brille de temps à autre. Heureusement. Son intensité a certes chuté mais il me rappelle à chaque fois que… je suis encore là pour l'admirer.

Ma vie a désormais un autre goût, celui d'un parfum que j'ai su concevoir à force de volonté et d'acceptation. Six ans après, pourquoi suis-je encore là ? Je n'ai pas la réponse. Sans doute, ne l'aurai-je jamais. Tous ceux qui, quasi soudainement, se découvrent ainsi prisonnier de leur corps à cause d'une maladie rare et inexplicable, doivent pourtant croire à un jour meilleur. Plonger dans cet autre monde ne signifie pas forcément que tout est perdu. L'important reste la vie même si elle est différente d'avant. Quand aucun diagnostic ne peut être posé sur vos souffrances et votre déchéance, il est impératif de trouver en vous les ressources pour ne pas se laisser aller, de ne pas baisser les bras.

Aujourd'hui, je suis là et j'ai pu écrire ce livre. Certes, mes maux de tête qui m'empêchent de pianoter à l'écran ont ralenti son écriture. Mais l'envie de raconter que j'ai survécu – et à quel prix ! – était trop grande. Elle l'a emporté sur le mal. Si je me suis lancé dans ce récit, c'est pour crier aux miens et au monde que je suis vivant et que je me suis "vengé" à ma manière de ce tsunami sournois.

Atteint d'un syndrome cérébelleux à cause d'une maladie rare, je suis encore là…

*

* *

Alors que je rédige ces dernières lignes, plus de six ans après le déclenchement de la maladie ; il y a un mot essentiel que je me dois de ne pas oublier : accepter.

Accepter aujourd'hui que j'ai traversé un traumatisme et se dire que je suis passé tout prêt. Accepter de vivre différemment. Accepter les différents stades de la fatigue. Accepter les maux de tête à répétition et les tensions lancinantes derrière le crâne. Accepter les médicaments et le traitement.

Accepter de vivre avec des périodes où l'instabilité se fait plus grande. Accepter de se concentrer pour marcher, pour exercer de simples gestes. Accepter que mon équilibre ne revienne jamais. Accepter de ne plus courir.

Accepter d'avoir une épée de Damoclès au-dessus de la tête. Accepter le regard des autres et faire comme si tout va bien. Accepter de ne pas forcément se sentir compris. Accepter de ne plus faire les choses comme je le voudrais.

Accepter de savoir que la maladie peut évoluer. Accepter que je sois malade. Accepter d'être atteint d'un syndrome cérébelleux. Accepter les séquelles. Accepter le plaisir différemment. Accepter d'avoir des troubles cognitifs.

Accepter que cette histoire ne soit que le résultat du destin et non d'une malchance. Accepter que la vie m'ait laissé en vie. Accepter qu'elle ne l'ait pas fait pour mon beau-père. C'est beaucoup accepter, trop même. Mais je n'ai pas le choix.

Au moment présent, je ne fais aucun projet d'avenir car l'évolution de la maladie m'est inconnue. Les séquelles invisibles de la lésion au cervelet étant difficiles à supporter au quotidien, j'espère d'abord ne pas avoir à rejouer le scénario effroyable d'il y a six ans. Une fois suffit.

Mickaël Godde, février 2018

Remerciements

Mes remerciements vont d'abord au personnel du service neurologique du CHU d'Angers qui a géré mes souffrances pendant plusieurs mois. Sans l'aide de toute l'équipe, je ne serais certainement plus de ce monde.

Comment ne pas exprimer une reconnaissance particulière à mon neurologue qui a mis en place le bon traitement pour stabiliser le mal et à mon pneumologue qui suit de près les différentes étapes de la maladie ?

Merci aux thérapeutes et au personnel du centre de rééducation de Laval. Par leur savoir-faire et leur gentillesse, ils m'ont donné la force d'avancer et d'accepter.

Une pensée aussi aux ambulanciers qui m'ont "accompagné" pendant plus de deux ans, à Simon mon kinésithérapeute actuel et à l'infirmière psychologue que je consulte toujours.

Merci également à mon médecin traitant actuel et à mon précédent médecin généraliste parti à la retraite, tous les deux empreints d'un grand professionnalisme.

Merci à ce praticien que je rencontre régulièrement.

Son attention n'est pas étrangère au fait que j'ai survécu. Je me dois de l'écouter. Il m'a enseigné combien la gestion de mon corps était primordiale.

Merci à ceux qui se sont déplacés à l'hôpital, qui ont vu l'inexplicable qui me rongeait. Merci aussi à ceux qui, par la pensée, n'ont pas perdu espoir que je m'en sorte.

Merci à ceux qui ont participé à l'écriture de ce livre : Anne, ma première correctrice, mon neurologue le docteur Cassereau qui a accepté de rédiger la préface, Cécile qui, par ses talents de dessinatrice, a retranscrit à travers l'illustration mon ressenti, et bien sûr Christophe, biographe familial, que j'ai connu grâce à Marythé et Michel. Merci à eux.

Merci infini à ceux que j'aime, famille, amis… Depuis le début de ce cauchemar, ils m'épaulent ; en particulier mes chers et si précieux parents, mes frères Grégory, Tanguy et Johan, mes beaux-parents Brigitte et Michel qui me manque tant, et l'ensemble de ma belle-famille. Leurs encouragements sont à jamais gravés en moi.

Merci à la femme de ma vie. Audrey a vécu de plein fouet cette histoire incroyable, senti mes désarrois, supporté mes sautes d'humeur… Elle n'a jamais baissé les bras.

Aujourd'hui encore, sa maturité, sa détermination et sa joie m'apportent ce réconfort indispensable lorsque les "bas" envahissent mes journées. Merci Audrey d'être à mes côtés.

Enfin, un tendre merci à notre fils Tristan. Sans lui, ma vie serait autre. Depuis sa naissance, il est mon rayon de soleil quotidien. Auprès de lui, j'oublie la maladie et ses séquelles. Il ne le saura que plus tard mais, grâce à lui, je peux encore respirer et profiter des moments simples de l'existence.

Merci Tristan.

Table des matières

Cet ouvrage a été composé par Edilivre

175, boulevard Anatole France – 93200 Saint-Denis
Tél. : 01 41 62 14 40 – Fax : 01 41 62 14 50
Mail : client@edilivre.com

www.edilivre.com

Tous nos livres sont imprimés
dans les règles environnementales les plus strictes

ISBN papier : 978-2-414-25404-0
ISBN pdf : 978-2-414-25405-7
ISBN epub : 978-2-414-25406-4
Dépôt légal : septembre 2018

Imprimé en France, 2018

Achevé d'imprimer chez SoBook le 17-01-2020

Linselles - France

N° impression : 610 586